Henry Pohlmann

Krömels

Henry Pohlmann

Krömels

ISBN/EAN: 9783743360846

Hergestellt in Europa, USA, Kanada, Australien, Japan

Cover: Foto ©ninafisch / pixelio.de

Manufactured and distributed by brebook publishing software
(www.brebook.com)

Henry Pohlmann

Krömels

Deutsche Ev. Luth.
Bethanien Gemeinde.

NO. 87 & 89 ATTORNEY ST.,

NEW YORK,

Ver. St. v. A.

Prediger 11, 1.
„Lat dien Brod över dat Water fohren, so warst du 't finden up lange Tied.“

Dat Brod is weg, hier sünt de ——

Krömels.

„Da sie aber satt waren, sprach er zu seinen Jüngern: Sammelt die übrigen Brocken, dass Nichts umkomme.“ ——
Joh: 6, 12.

D. Pohlmann.
Pastor.

New York 1886.

HENRY H. KAHRS, STEAM PRINTER,
43 SOUTH SIXTH STREET,
BROOKLYN, N. Y.
1887.

Vörrede:

Marci 9, 50.
Hebbt Solt bi jug, un hebbt
Freden unner eenanner.

„K r ö m e l s"? — Worüm keen Brod? Mag sin, dat so, Vele fraget;
denn Bescheidenheit un Demoth is een gor rore Artikel upstuns; mit Krö=
mels is aber doch ok mennig een tofreden, wenn he keen Brod mehr hebben
kann. „Gedanken=Spöhn" so würd man in sogenannter „gebildete Welt" düt
lütte Book nömet hebben. Een Discherjung hett säker toerst dat Word
utdacht, un nu höbelt de Lüde up dat glatte Brett wieder. Lat jüm; mi
gefallt keen Spöhn. — brennt to licht — gaht ok licht wedder ut. Is
nich bäter as een Strohfüer. „Krömels" dorvun hett uns Heiland redet,
vun „Spöhn" — nümmer, un doch k e n n h e s e. Krömels künnt wi
äten, se brennt nich, abers se nährt un maket den Hunger still, holt Liev
un Seel tohoop. God si gedank — he givt uns B r o d, wo de Welt,
Nicks as dröge Holt hett. — Wo Brod is, dor fallt K r ö m e l s af vör
mennig arm Wesen, Kranke un Gesunde künnt se uplesen. Wo Holt is
dor givt dat Spöhn; ut Holt maakt de Discher dat Sarg, un peckt de
Spöhn dorin as Bett vör de, de mit Gedanken = Spöhn dod sodert sünt.

Doch wat nützt dat lange Parleren, lat uns to de Sake kam, worüm
overhaupt düsse „Krömels" anbaden ward. Vele vun miene leven platt=
dudschen Frünn, de de veer Johr hendörch de monatlichen plattdüdschen
Predigten hört hebbt, heu un wedder meenten, dat se wull geern se mal
wedder sik vorstellten, wenn se man gedrückt to hebben wärn. Nu sünt
se hier. Blot Krömels frielich, as de Titel düdlich spricht. As dat
Krömels Art is, dor sünt grote un lütte, harde un weeke sure un söte, all
een mang eenanner börch, un is mien Hartenswunsch düs, leve Leser,
dat se di schmecken mögt. Findst du ne söte Krömel, ät se langsam: findst
du ne sure, kau se nochmal, de Art de ward mennigmal noch honnigsöt för
arme Süuder.

> Findst du welk hard,
> Ät mit Bedacht;
> Bäd mal, denn ward't
> Munden, ganz sacht.

Wer ümmer lesen will ihm wat so lern, un wat ut Gadesword to hörn, de ward wat sinnen, wat em mund't. De Nieggierige sind wull, as dat blinne Hohn ok mennigmal ne Arvt, ok mal een för mund= gerecht, de schall dormit dohn wat he will, he is in mienes Gades Händ'n, de kann schier so ne arme Sünder wenden. Nu kamt wi to ne Sort, dat is sun Krut, se staht up düsse Welt ümher as de Poggenstöhl, it meen de Art, de dor vuller Stoff sünt, de, wenn man se mit den Foot pett, den matt se eenen gruligen Stoff un Gestank; düt sünt de Kritikers.

> De hebbt en Barg to Schnacken un to Schrieben,
> Doch dat „Bäder maken" lat s' hübsch blieben.

Dat wunnerlichste is, dat uns Herr Jesus ok so veel mit de Art to dohn hadd, mit de he över ok sorten Proceß makte, as in Math. 15, 14.— Lat se lopen, seggt he — un dat is dat Beste wat wi mit eere Nachkömm= linge döhn künnt. Un nu mien gode Fründ, de du de Krömels lesen deihst, sind Brod, luter frisches Brod, in den tweten Dehl vun düt Book. Mien leeve Herr hett se mi in den Mund leggt, un it gev se di, lat di de 50 Gesänge munden, du warst finden dat vör alle Lebensstunden wat pas= set, so wenig dat ok man noch sünt. Willt God, so ward später noch mehr nahkamen.

H. POHLMANN,
Pastor.

NEW YORK,
No. 85 Attorney St.

NB.—Nimm de poar hochbübsche Leder=Krömmels mit vörlev, of se schüllen keene Steefkinner wän. — As ji seht Früh, wi sünt hier in Amerika un in uns Adoptiv — Vaderland, un as solche beanspröfet wi een Bäten Nahsicht, wenn hier un dor eenige Druckfehler inschlecken sünt. De hochbübsche un englische Sprake is jüm bekant, aber dat Plattbübsch ganz frömd. De nächsten Krömels schüllt s. G. w. beter warn. H. P.

Plattdüdsche Krömels

hen un her sammelt ut de Bibel.

Matth. 16, 19.

Dat möt een wunnerlichen Kierl west hebben de mal Papst in Rom wär un de Welt inbilden ded, he har den Schlötel kregen vun unsen Herr= god; in de Bibel wüßt he keenen Bescheed, sus har he lesen in Matth. 24, 37—dat dat toletzt so ward as dat wär (1 Mose 7, 16) to oll Noah's Tied, wenn de in den Kasten gung, dunn schlöt de Herr sülbst achter em de Dör to—so ward dat mit de Himmelsdör ebenso un dorvör dankt wi unsen Herrgod.

In Luc. 10, v. 4 leset wi düsse Wörde: Un gröte Nemand op de Strate —dat süht nu meist ut as wenn wi Christen unhöflich wesen schulln, doch se is dat nich gemeent: De in't Amt sünd, as de Jünger, de schüll eere Wege gahn un sick um Nicks kümmern, dormit se in de Kraft des hilligen Geistes blievel, süs, wenn se ierst nah „Düt" un „Dat" kiekt, denn blievt eere Ge= danken nich mehr rein, so of nich dat Harte, un se künnt nich as uns Herrgod dat will, Sien Amt utöben. Lüde de ut dem Gadeshuus, vun de Predigt kamt, würden god dohn, hiernah sick to richten, süs fret de „Klatschvagels" de goden Samenkörner wedder up.

Wat Jesus seggt üm de Weeklinge un süs verwöhnte Minschen afto= fertigen, dat les Lucä 9, v. 58. Wat He de „Halben" antwurt les Lucä 9, v. 60. Wat He to de Formminschen seggt, les Lucä 9, 61. Wat He vun sien Lüde schrift, sowul de goden as de annern, les Lucä 9, 62; lat us good in düssen Spegel kieken.

Matth. 4, 19 gehört to 2 Corinth. 10, 5. Wi schüllt Minschen fangen op düsse Art, dat wi eere Vernunft gefangen nehmt un se ümmer den Gehor= sam vun Jesus bringt.

Römer 10, 3. —Un verſöket eere eegene Gerechtigkeit uptorichten. — Ja, dat is wohr, de Minſch is gor ſtolz, dorüm he of jümmer ſeggt: Eeen grawen eegen Rock is bäter as een ſieden Wams vun ſüs eenen gelehnet. Dat mag 't wull liden in irdiſche Hinſicht, aber in unſen Standpunkt to Jeſus as elende Sünder, döcht de Stolz garnicks un of dat Sprüchwort nich; vor uns paßt blot: Chriſti Blut und Gerechtigkeit

Das iſt mein Schmuck und Ehrenkleid

Damit will ich vor Gott beſteh'n,

Wenn ich zum Himmel werd' eingeh'n.

Dat givt Minſchen de ſünd of Schnurrers in geiſtlichen Dingen, ſe wüllt jümmer mit anner Lüde godſelige Warke, vör ſick prahlen, in jüm ſtickt ſo'n „Theatergift“. Düs Art lehnt ſick Alles; tom Beiſpill: De Sohn vun eene frame Moder, ſtütt ſick up eere Framigkeit as ſiene Seligkeit; een Mann up ſiene frame Fru, de lett he to Kark gahn un of ſien Kinner to de Sündag=ſchol, un he blivt int Wirthshuus, oder ſchlöpt oder geiht ſpazieren; dat givt Oellern, de hebt gor eenen Söhn de is Paſtor—büſſe gaht erſt recht nich ut de ole weltliche Spur — de hebt jo wat Grotes dahn, dat ſchall jüm in'n Himmel helpen! Mien Herr Söhn is ſo Preſter! Wo ward düſſe Lüd ſick verſiehrn, wenn't los geiht up de grote Reiſ' in't Gericht, un ſe ſick mit all eer Sünd un eere falſche Meenung alleen vör unſen Herrgod ſinnt.

Dat is een wunderbores Book, uns Bibel, un de nennt de Lüde (de Oeverkloken) eene Dichtung, ole Läuſchens un blot good vör de olen Frugens un vör Kinner. Un dat künnt wi of dorbi laaten, dat ſchient as wenn vun de kloken Mannslüd man een paar Krömel noch vör den Himmel affallen doht. Aber dat is man good dat uns ole leve Bibel ſo is, as ſe is, vull Wohrheit. Wenn's hüt ſchreben würd, denn würd von gor keene Sünd un Schaam dorin ſtahn, denn hüt ſchrievt ſe de Lebensgeſchichten alle ahn dat Böſe, dat heet ſo veel as, luter Lögen. Kick blot in de Zeitung, dor ſünd hunnert un duſend Minſchen as dod anzeigt, aber all ſünt ſe „ſelig entſchlafen“ oder „eingegangen zur ſeligen Ruhe“ oder „aus dieſem Jammerthale in ſeine ſelige Behauſung“ dat mag ſo hen un wedder wohr ſin, aberſ wenn blot de „goben“, de „ſeli=gen“ weggaht denn is nu bald Nicks mehr as lüter Galgenvagels nahbleben, dat is grulich.. Am ſchönſten ſünt de ſog: „Nachruf“. So eenen de ſick vör den ſchönſten Engel paßt har, kreeg een Mann, de („ein liebevoller Vater den Seinigen war“) een Fruenprügler wär, de den ganzen Dag fluchte un jümmer „nicht nüchtern“ wär. De leve Bibel is doch luuter Wohrheit, denn ſe verheemlicht Nicks. God ſi uns arme Sünder gnädig.

Joh. 10, v. 12.

„Un füht den Wulf kamen." — Wüllt gornicht vun de Schape spräken, wüllt de Schäpers vörnehmen, vun de jo of de Text hier düdlich sprickt. Dor is een junge Schäper över eene lütte Gemeende. He verheirath sick, bald fünd se dree in de Familie. He krigt dat mit de Angst, he füht den Wulf kamen, dat Gehalt ward nich utrieken, wenn mal de Huusholt gröter ward. To de Schape seggt he: he is een gode Schäper, un höllt grote Stücke up jüm. — Dor wiset sick een anner Gemeen, mit een hunnert Dahler mehr! Ut, is dat, mit de grote Anhänglichkeit, mit de grote Schäperleve, weg geiht he; „deiht mi leed, dat geiht abers nich anners" so seggt he — ick segg: „un füht den Wulf kamen" Johre vorut, dat is sien Grund.

Een anner is jümmer so niepsichtig gegen Maidag hen — denn füht he eene ingebildete Krankheit kamen, („den Wulf") un he möt twe oder dree Monat in de Gebirge — un wahnt he dor, denn möt he nah een anner Land Bun October bet Maidag fünnt se glücklich kortsichtig.

Marci 8, 34.

De verlügne sik, un nimm sien Krüz up sick. — Dat givt eene Sort Christen, de jümmer brummt över ehr Krüz un verdarvt anner Drägers mit. Uns Herr Jesus is säker nicht op de Eerd kamen üm sunne Brummers to maken. He hett uns mit sienen Vader wedder versöhnet, dat wi wedder mit em umgahn künnt, as Adam un Eva int Paradies dehn, vör de gefährliche, verdarvliche, Appeläteri vun den verbadenen Bohm

Psalm 24, 3, 4. Wer ward up den Herrn sienen Barg (Himmel) gahn? un wer ward stahn in siene hillige Hüt? De unschullige Hände hett un rein vun Harten is. — Nu folgt de Psalmist mit Psalm 26, 6 und seggt: Ick wasche miene Hände mit Uuschuld un hol mi to dienen Altar, — wat is dat vör eene levliche kindliche Sprake — würden wi doch Alle so dohn; doch de Meisten hebt eenen annern Lehrmeister un doht wat he deiht (Matth. 27, 24) un dat is noch dorto een Heide, de wascht siene Hände mit Water un seggt denn: Ick bün unschullig zc. un schüfft, mir Nicks dir Nicks siene Blotschuld op Annere. Leser, wat deihst du? Nimmst du Pilatus sien Waschwater?

Psalm 23. De Herr is mien Schäper, he weidet mi up eene gröne Aue. — Dat laat sik nu alle Schape god gefallen; Alles recht vull up, dat is nah eeren Geschmack. De würklichen Schape nu, de fünd ok recht erkenntlich, se gävet wedder wat dorvör her, de drägt de schöne Wull und so hett de Schäper wat, un sien Herr ok. De Gemeende=Schape abers, de wüllt vun eere Schäper (Pastor) recht schön höbet warn, jümmer feine saftige Predigten un veele Besöke to Kranke u. s. w., abers he schall ok in de Regel dat Wull=

drägen mit besorgen. Wunnerliche Tostände dat, aber 't givt veele Dusende vun düsse Art.

Wenn ick denn Uttog vun dat Volk Israel ut Egypten lesen doh un ehr Gebahren in Canaan, so kan ik dat nich helpen, ik denk an de Reformation, un düt sünt mine Gedanken, de ik weet dat, recht good, veele Lüde recht argern doht, will dat jüm schlimmer schient as eene gode Ohrfiege; doch, se holt nich de anner Backe her, se ward mi bös.

<table>
<tr><td>Israel.</td><td></td><td>Protestanten.</td></tr>
<tr><td>Utgang ut de Sclaverie</td><td>——</td><td>Utgang ut dat Papstdom.</td></tr>
<tr><td>Dörch dat rode Meer</td><td>——</td><td>Reformationswirrwar.</td></tr>
<tr><td>Dörch de Wöste</td><td>——</td><td>Bet to de Anerkennung.</td></tr>
<tr><td>Over den Jordan</td><td>——</td><td>De Bibel ward drückt.</td></tr>
<tr><td>Utrottung vun alle Heiden</td><td>——</td><td>Utrottung vun alle Afgöderie.</td></tr>
</table>

Utrohn un Fierdag bröcht Over-moth un Fuulheit und somit över-träden se dat Gadeswort un leten noch Heiden mank sick wahnen. } { So maket man dat mit den olen Huusfiend, (de Rosenkranz, Wiehewater un sünstigen Kram dreven se ut,) den Drinkdüvel behölen se, ja se gävt em noch Platz to wahnen.

De Cananiter nehmen to, un würden Ursak to Strafe vun God, un as se stark genog, kunn Israel gahn, denn Fiende binnen un buten würd jüm to veel. } { Un de Drunkenheit mit alle Schlechtigkeit is wussen, de Godseligkeit utdreven un de Schnaps und dat Beer is de Huusgötze worden.

Wat is ut Israel worden? Lese eere Geschichte un seh di düt Volk an. } { Wat ward ut de Reformation? Les dien Bibel wo vun de letzte Tied redet ward. Do dien Ogen apen und kiek genau.

Matth. 25, 24, 25.

Schient mi de Mann hier, het hüt veele Frünn in de Welt, he paßt to de gewöhnliche Art Christen. He hett blot eenen Centner kregen; den hett he good ophägt, to good. So maakt dat de Durchschnittschrist, all wat he opwisen kann, wenn de grote Gerichtsdag kümmt:—Ick bün döft un ik bün ok sogar confirmert. De Mann de schmitt sien Centner unsern Herrgod vör de Fööt, he meen he wüßt vörher dat he em fördern würd — so meent de Meisten, — he weet dat dat een Gerichtsdag givt, un högt sick, dat se wenigstens noch wat hebbt, se wät noch eeren Confirmandenspruch. — Arme, arme Lüde, wat sünd se so blind un wedderbägsch.

Matth. 21, 29, 30.

Dat is de Orsaak, dat dat Word jümmer wohr blivt (Lucä 10, 2). Un dennoch hört wi Veele klagen dat se giern arbeiden mügten aberst se künnt

Nicks sinnen, de Herr will se nich, so meent se. To Veele hett uns Herr-
god seggt: Gah mien Söhn un verkündig dat Evangelium. Se gaht
abers nich, se seggt blot: Ja Herr! Se hebt keenen Globen, se meent se
künnt nich arbeiden wenn se nich so ün so veel Lohn dorvör seht. Dorüm
blivet se bi eere Nette un in eere Tollbode sitten. (Matth. 4, 20, Marci
2, 14.)

Jacobi 1, 6-8.

Schient mie de grötste Krankheit to wäsen, de ümmer dat Minschen-
geschlecht grassert, un nümmer wär se gröter, so meen ick, as se nu to unse
Tied, sick wieset. De Anfang wär friliç all in't Paradies, süh, dat is
keene niemodische dorher, un bröçt de Sünde in de Welt. De ole Lögener
wiert, de siet de Tied, dat em dat dor so glücken ded, sien Kunststück öwer-
all probiert, de Lüde twifelhaft to maken, an dat Word Gades. Süh mal
nah Vadder Noah, he künn predigen so lang as he wull, he bannt de
Twifel nich, de Minschen verlörn se erst, as jümm dat grote Water öwer de
Ogen güng, un se mit den Dod in Strict wärn. Sünd gor starke Käden,
de Twifelküden, wer dormit bunn is, de kümmt nicht licht herut. Un doch
wo lichtfarig brätet se, een bäten Bloot an de Dör schmeert un de Twifel
is hen, keener vun de ölsten Kinner, ward dod dalfallen; een eenzigen Blick
nah de Schlang de Moses uphängt har, un de vun de annern giftigen
Schlangen gebäten, müßten nich starben. De ole Schlang har Petrus ok
all meist säfer anbunnen, abers een Blick wesselt, twischen Jesus ün em,
un los wär Petrus. So ok du, mien leve Leser, wenn du noch in diene
Sünd, in diene Leidenschaft, in diene godlosen Angewohnheit, in diene
Lögen u. s. w. büst un wullt ernsthaft los vun den Düvel, kick up, to dienen
Heiland, as he dor an't Krüz hängt, ün de Käden bricket entwei, du büst frie!

Marci 2, 21.

Dat is en gor schöner Text, stimmt so recht to de hüdigen Christen,
de so ne rechte Flickarbeit an sick maket. Dumm, nich wohr, mötest du
den nennen, de nagelnieges Dook hett, to eenen ganzen Antog un nu üt
luter oler Anhänglichkeit, den terrätenen olen Antog dormit flicket; dat
würd den olen nich nieg maken noch eem veel verbätern. So abers wüllt
de Christen sick rutmustern, se lat sick mal in de Kark sehn, lat de Kinner
döpen, lat se confermeren, gävt hier een Pennig, dor gor mal een Groschen,
dat schall den den olen Jochen nieg maken; so rutgemutstert, meent he,
kann wieder arbeiden an'n Sündag, wieder flöten, wieder lögen, wieder
drinken, wieder bedregen, wieder spälen u. s. f., un wenn't losgahn schall
in de Ewigkeit, denn will he de nigen Flicken, upwisen as sien Hochtiedskleed
(Matth. 22, 11—13) wo ward he sick verfehrn, wenn's em dennoch rut-
schmieten doht.

Lucä, 19, 40.

Wo — is hier de Hauptsaak, un mien leov Fründ, gah nich vorbi; jachten, sachten, segg ick di; stah leover still, dat geiht di an. — Wo — du still schwigst — „vun wat", fragst Du? — dor lef dat Matth. 10 v. 33, dor ward de Steene över di schriegen un de Balken ward antworden un bi-stimmen (Habakuk 2, 11). Uns Herrgod let di dat ok wäten in't Gebet, as du dat düdlich in Matth. 5 v. 23: „Dat hebbt se wedder di, dat du em nich Jesus kennen lehrst".—leesen kannst.

De Narren in de Welt, de glövet, dat uns Herrgod dat nich so genau nimmt mit jüm, un se ward toletzt doch noch ankamen wo de Framen hin-wüllt. De Schwachköpp meent, dat uns leve Vadder im Himmel, just so as se sünd, is. Nu weet aber Jederem, de dat eernsthaft meent, dat keen Tüttel ut dat Gadesword sträken ward, un dat is uns grote Trost, denn süs harn wi jo gorkeen Säkerheit, dat wi nich ok ut luter Godmödigkeit un Öoversehen, in de Höll schickt ward, wi de wi fest holt an Jesus; wenn de de Nicks glövt, un jümmer in de Sünde wöhlt, in den Himmel komen. God si gedankt, dat mit Em keen Versehen is. (Hesekiel 14.)

„Er hat noch niemals was versch'n,
　　In seinem Regiment;
Und was er thut und läßt gescheh'n,
　　Das nimmt ein gutes End!"

Wenn de Böse anfängt in de Bibel to wöhlen, denn ritt he blot in-twei un kehrt dat ünnerst to baben. Seh mal dat recht an Matth. 4 v. 6 un denn lese langsam un düdlich Psalm 91, 11. — So vertellt he de Lüde dat Noah sien Kasten veel to lütt wär, üm all dat Veh un Foder into-nehmen vör een ganz Johr. Ick segg di, he hett veel Tolop dovun, wil dat de Lüde nich geern de Bibel leset un gornich studiert, abers nüsst, glövt se all wat segget ward un denn schimpt se dorüp los. Nu nimm dien Papier un Fedder un recken dat mal ut, un du warst sinn, dor wär rick-lich Platz un har noch vör een Johr Foder mehr in kunnt. Gradeso maalt he dat mit de Berekning vun dat niege Jerusalem; he will de Lüde in de Höll hebben, dorüm lügt he jüm vör, dat vör alle Seelen Jerusalem to lütt u. s. f. Maak di mal an de lütte Arbeit un reken dat ut, un du warst di wunnern, dat dor ricklich Platz is — blot, nich vör de gottlosen Narren, dat is säker.

Lucä 6, 22, 23.

Nich wohr, mien leve Leser, dat is di ok wull all mal passirt dat du fragt büst, or hest gor sülber fragt: Ob dat Danzen eene Sünde is. De

Antwort is nu sehr licht hierup — se is: Ja! — Worüm? frögst du so?
nu süh, dat is doch klor genog, denn wenn ik wat vör recht hol, vun Harten
ut, denn frag ik nich erst — un wenn ick in Twifel bün, denn bün ick all
verkehrt, dorüm is mien Antwort richtig. Abers ick weet dat se meistens
doch geern hören mügten, dat dat Danzen of in de Bibel nich verbaden is!
Dat is sun Schnack, de, mit David vör de Bundeslade, dat wier eene freu=
dige Gelegenheit un wenn ick de finden kunn, ick würd se of afhalen un in
mien Kark stellen un vör Vergnögen half gahn, half springen; wat hett
dat mit eenen, den Minschen thierisch makenden Walzer to dohn? — Ant=
wort du Leser — wag dat mal, dienen God gegenöver!!!

Aber uns Bibel hett eenen Text un dor is dat Hüppen erlaubt; wenn
di Jemand hasset, un as „Utschött" ansüht, un di schellt, un di nich bi
Namen nennen mag, so towedder büs du em, un all dat, üm Jesus sienet
wegen, denn seggt de Text: denn frei di un hüpp herüm vör luter Ver=
gnögen, denn süh dat schall di to de Seligkeit good sien. So nu danz los,
wenn dien Tied kümt un dat passeert di, ick gev di Vörlov in Gades
Namen.

Lucä 13, 15.

Schullen de Lüde nich düt as een directes Gebod annahmen hebben?
süht fast so ut, wenn wi all de Lüde an den Sündag in't Wirthshus seht,
un in de Stadt mehr Wirthshüser as Bäckerien sünd. Natürlich hebbt de
Lüd eeren Ossen in jüm sülfst, un eeren Esel in sick, vun den letz=
ten Strick mit denn se an de geistliche Foderkrüpp festbunden wären, los=
maakt un hebt em am Sündag Morgen, gliek nah den Drinktrog lerrt,
un dor blievt se bet se dorbi ümfallt.

Lucä 12, 16—20.

Is kuum to glöben, wo veele Bröde, düß Mann in de Welt herüm=
lopen hett. Düsse har uns Herrgod so segnet, dat he staats kramer, jüm=
mer giziger ward, jümmer mehr geneten will. Nu gev God em mal so
veel, dat he schier nich wüßte wat dermit antofangen, un staats endlich
mal dankend optokieken, keek he sick ümher, wo he wull dat all laten künn.
Do buget he Schünen un do leggt he sick up de fule liderliche Siede un
will sick rech plegen. Du Narr, seggt uns leve Herrgod, — un furt mußt
he. Dat is de schlimmste Sorte, de uns Herrgod as Exempel rutnimmt
üm uns to warnen.

Lucä 21, 34, 35.

Sorgen maakt uns unwördig vör God's Thron to stahn, aber dat
Beden maakt uns wördig.

Lucä 2, 44.

Se meenten. — Dat is en böses Ding bi de Minschen, se meenen jümmer düt oder dat un höpet dormit dürchtokamen. Geiht dat aber all nich in irdische Dinge, wo veel weniger in de himmlischen Saken.

Matth. 26, 41.

Waket un beded. — Dat mötst du nu recht verstahn, süh wi veele Lüde wöllen noch des Abends beden un sünt to lat, se schlapt dorbi in, dat is nu unrecht, denn wat wullt du seggen, wenn Eener nah een König günge, wenn he all, half in Schlape wär, un wull den üm Gnade bäden vör Eeniges. Dorüm seggt de Herr Jesus Waket— (dormit ji beden künnt,) un Beded — (dormit ji wak blivet.)

1 Mose 31, 31–34.

Nich wohr, sun Verstäken bringt jümmer veel Unangenehmes mit sick un obglief dat bim erstenmal glief utfuunen würd (1 Mose 3, 8 und 9) so hett de Minschheit dat hüt noch nich lehrt, dat dat eene Dummheit is — denn wenn dat of een Tiedlank bi de Minschen geiht, bi God geiht dat nich, de süht Alles. Wat Godes ward jümmer nich verstäken, dat wat verstäken ward is jümmer den Minschen, de dat deiht, sien Afgod. Verstäkt he Geld, so is dat sien God den he anbäden deiht — de Süpper verstäkt sien Buddel, un dat is sien God. Rachel har eeres Vaders Götzen verstäken un maakt se dordörch eer egen, un se hett dorvor leben, bet se weg wären (1 Mose 35, v. 4). Nu Leser, wat hast du ünner dat Stroh verstäken? Worup hest du di sett? — Kumm bring se rut diene Götzen un vergrav se, nich ünner eenen Bohm, ünner an dat Krüz vun dienen Heiland, süß warst se nich los. Ick seh se nich, aber uns Herrgod süht se, un wenn du se behöllst, bringt se di in't ewige Verdarben.

1 Mose 3, v. 8–10.

Dor füng dat an, dat Schörten-vörbinnen, un wat vör dörchsichtige Dinger wären se. Dat sünt öwrigens alle Schörten, de de Minschen vör binnet üm eere Sünd un Scham to verbargen. Uns Herrgod röppt em to: Adam wo büst du? Sünder dat röppt he ok di to! Dat meiste Schörten-binnen doht hüt to dags de Schnapsadams. Se wischt sick den Mund un gaht gau üm de Eck — schlechte Schört Adam, de Fuseldamp ut dien Hals de is nich achter dien Schört to holen; Adam ät villich Nelken or Kaffebohnen — Adam dien Schört döcht nich, dien füer rode Näs' tickt to düdlich hendörch. Adam ick seh dörch de Lögenschörten, — de sienen Entschuldigungschörten — un alle Schörten in Religionsangelegenheiten de so nich to tellen — dat givt di een Bispil in Lucä 14,16—20. Wat vör eene dörchsichtige Schört: Ick hev eenen Acker köfft, ick möt henut gahn, un em besehen — bi de Nacht Land besehn! — Süh de twete Schört: Ick heb fiev Joch Ossen köfft, un gah just nu hen se to besehen — nu, wenn dat Abendrod fahrig is, un dat glief nah Sün Unnergang, so düster is, as wenn man in een Sack kickt — aber dat mag absonderliche Ogen gäben bi de Lüde, de den Acker un 5 Spann Ossen unbesehn (in'n Sack) töpen. Uns Herrgod seggt: de Narren spräket in eeren Harten dat givt keen God — düsse Art goblose Lüde wieset eere Narrheit düdlich. Süh de drütte Schört: Ick heb mi eene Fru nahmen, dorüm kann ick nich kamen; dat schient mi de Schlimmste vun Alle to sien, erstlich mal löppt em de Fru jo wull nich glief weg; twetens, wär dat ... eer dat Beste wat se dohn künn, denn mit so eenen is doch nich god uttokamen, de "alleen" wull kamen wär, aber, eer günnt he nicht dat Abendmahl, süs har he seggt: Jawull, ick kam abers möt mien Fru mitbringen.

Richter 19, 17.

Wo wullt du hen? Wo kümmst du her? — Dat lat sick de meisten Lüde nicht gefallen so utfragt to warn; je meent, ehr Dohn un Seggen ün Denken geiht Keenen wat an. Un wiel se nu vörgewöhnlich hier up Eerden ünner de Minschen dormit dörchkamt, so meent se ok dat uns Herrgod se ok so ungefragt rümlopen lett. O, dat de Minschen doch endlich glöben wullen, un de Dusende von Bispille, schulln jüm de Overtügung all lang bröcht hebbn, dat uns gode Vader in den Himmel up Alles acht. Minschen würd nich so schändlich ehr Seel tom Düvel geben, wenn se sick frögen: Wo kümmst du her? wo geihst du hen? — De Deev künn nich stehlen, wenn he sick jümmer de Frog vor Ogen stell. An jede Stubendöhr schullt to lesen wän: Wo kümmst du her? — Ut dien Famili? vun dien Fru, de dorob tövet dat dien rechtliche Arbeid, Brod bringt? dien Kinner, de sick all freit, wenn de Vader nah Huus kümmt, bringt he wat mit? niege Strümp, niege Schoh u. s. w.? Kannst nich god inkieken, Hans-Jochen, bi Schnaps-Hannes, wenn du ut dien Stubendör geihst un hest den Spröt lesen. — Kannst nich licht de halben Nächte bi de Korten tobringen, junge Mann, wenn du düt, det Morgens, lesen deihst. Kannst nich, Mariken, — ick segg di, du kannst nich, di de Schwindsucht an den Hals danzen, wenn du up-gemutzt up't Beste, erst di fragst: Wo kümmst du her? — Bun eene brave frame Moder, de nu vör mi bäden deiht, so seggt dien Gewäten ganz lising! Bun eenem rechschaffen arbeidsamen Vader, de ehrlich sien Kinner upbröcht hett, un nu bald de Plege nödig hett, vun sien Mariken. Wo wullt du hen? Kannst du dien Verdienst so lederlich dörchbringen? Kannst du diene Gesundheit so an'n Tun hängen? un dinen Heiland, de di in so grote Angst, Noth un Dod ut den Bösen siene Klauen reddet, un diene Öllern, de sick ehr Leben lang vör di un de annern Kinner afplagt hebbt,

2

bedregen? — Un noch eenmal: Wo wullt du hen? Wo kümmst du her? schust du ok to dien Mitminschen seggen? Dor is een in Armoth, de mag füs verzagen; dor is een in Krankheit, de mag füs ahn Vergebung star= ben, frag em: wo he hengeiht? — wies em to Jesus! (Lucä 11, 23.) Drüm o jug Öllern, fragt jug jümmer sülbst, un gewöhnt de Kinner tiedig doran, sick to fragen. Lat se nich ut de Dör gahn; bi Gelegenheit, frag jüm ierst, un wief jüm de Nothwendigkeit, ssck jümmer so to examinern, un je ward di dat danken, ehr Leben lang.

Maleachi 3, 10.

„Un pröbet mi hierinnen!" — Leser, is di diit schöne Gadeswurt all mal to Gesicht kamen? Dat schüll so sin, aber wi wät jo, wo dat dormit geiht; nah de Scholjohren, ward selten, wenn överhaupt de Bibel lesen, un doch is dat leve Book, vull vun so schöne Spiese, söt as Honnig. Uns leve himmlische Vader hett dat so good vör mit uns, wenn wi doch man jümmer Em tohoren wullen. Veele meent frilich, se künnt ahn em fahrig warn, aber süh, dat is nicht wohr, dat weet du sülbst, ob du dat nu inge= steihst oder verneenst. Süh, du armes Minschenkind, de Dage sünd kamen vun de wi segget, se gefallen uns nich (Prediger 12, 1), da wennst du di hierhen uu dorhen un sühst keen Lock wo du herutkrupen kannst, denn is dat Tied — frag un bäd, driest los, to dienem himmlischen Vader, he segget jo, to dat wat du up dienen Harten hest: pröbet mi hierinnen! — warst glick gewohr warn dat dat nich umsünst ist, wenn de Herr Jesus seggt: Kamet her to mi Alle de ji mohselig un beladen sünt! — He meent wat he seggt — aber gewöhnlich sünt wi doo to siene Rede, grade as de up Lebenstied insparrte Verbräker, de nah 20 Johre begnadigt würd vun sienen Landesherrn, un to dem an'n Sündag nah den Gadesdeenst segget würd: he schüll nah dat Comptor kamen un siene Papiere halen, denn he wär fri; de gode Mann rögte sick nich; erstlich, har he nümmer doran dacht noch mal wedder fri to warn; twetens, har he sick so inwahnt, dat em dat ganz eenerlei; drüttens, har he in 20 Johre sienen Namen nich mehr hört, blot siene Nummer; un veertens, meen he, dor müßt noch Eener achter em sitten, den dat güll un de wull tofällig densülben Namen hett. — Ja dor hör wat to, denn to övertügen — so schwer höllt dat ok, den Sünner vun den Heiland siene Verdienste, vör jüm, to övertügen. Kumm Sünner pröv dienen God in alle Saken, in Sündenelend, in Armoth, in Ungeduld, in Krankheit, in alle Noth un in Dodesnoth. (Les of noch Richter 6, 36—40).

Jesai 64, 8.

Wi Minschen möt uns in de Bibel recht ümkiken, dat givt uns dat beste Verständniß bun uns sülbst un uns Verhältniß to unsen Herrgod;

düt besteiht in de Art, as dat hüt to-dage twischen Jung un Old geiht. De Jungen schmiet de Näs gewaltig hoch inn En un dünkt sick so nägen-klok, dat se uns Olen kum mal mehr anticken doht; frilich, se fallt gewöhn-lich deshalb in'n Graben, justerment wat de överkloken, sogenannte Ge-bildete, passiert, de vun God, as vun wat Oles, Afgelegtes, spräket, se ligged bald üp denn Rücken, ün vun denn se Nicks wäten wullen, denn möt se grad recht anticken. Un Text is mi jümmer siehr tröstlich west, denn de wieset mi, wat de Minschen nicht achten doht, dat höllt de Leve God siehr hoch. Lese düsse un anner Pöttergeschichten mal, in Gebäd, dörch. Ick frei mi, dat ick weet. Dat mien Potter mi maakt hett, un he weet woto ick good bün; un wenn ick ok blot eenen vun de lütten Pött bün, so kann ick villicht mehr gesegnete Arbeid dohn as de groten, staatschen, in-gebilleten, buten un binnen bunt glasurten. Kiek di üm, bi de Ricken, sühst bannig grot, utlännische Pött, fein inne Eck stahn, fein glasurt, mit allerlei mögliche un unmögliche Biller, abers wat sünd se good vör? in de beste Stuw in de Eck to stahn un bestövet to wern — de ole schwarte lütte Meltpott is abers de beste vun beiden, he is doch dagdäglich nutzbar un maaket veele Lüde fröhlich. Ick danke di, mien Herr, vör düssen Pott, de is doch diener Hände Werk — du arme Broder, du arme Schwester, lat düt ok dien Sprake sin, dor kümmt noch een Dag, wenn wi alle, de wi de-mödig un fast in Globen un flietig in den Wienbarg sünd, to vulle Ehren kamen. Lat us tru utholen (Off. Joh. 2, 10).

Jona, 4, 11.

Heft all mal hört vun de Dummen vun Ninive? — wenn nich, denn heft du dat hier hüt in unsen Text, dor hörst, du dat dor mehr denn 120,000 Minschen wiern, de noch keen Unnerscheed wäten vun Rechts un Links. Nich wohr dat wunnert di, un ok nich! — Du wunners di, dat se so dumm wärn und nich — wiel du denkst, se wären datomal noch nich so klok as wi hüt sünd. Fründ, nich to hastig, töv mal een Bäten, grade hier — süh de Lüde vun Ninive de wären recht kloke Lüde, un hüt sünt veele Gelehrte dor an de Sandhögel, un schnückert sik een ganzen Barg Gelehrsamkeit dor ut den Sand. Doch noch mehr — Ick frag di, op du di all kümmert heft üm „Rechts ün Links", un ob du den Unner-scheed richtig weest? Ick höpe so — abers ick bün bange, dat in eene grote Stadt, as Ninive op old, hüt noch dremal mehr Dumme sünd, denn in Ninive! Dat wullt du nich gellen laten? Ick segg di, dat is so, frag mal bi Jesus an, de ward di dat glick seggen, un ick will dir hier den Schlötel geben üm düt geheme Fach apen to schluten, üm klor to sehn, lef Matth. 25, 31—46.

Pfalm 50, v. 16—23.

Recht frisch vun Harten spridt Asaph in düssen Psalm, un höllt de Godlosen ehr Dohn recht ünner de Ogen. De 21. Vers dröppt am Be= sten, denn dat is ehr Inbillung, will se nich gliek dalschlagen ward dörch den Blitz, tom Bispill; so flucht un schwört se dorup los, be Deev stähl wieder, wenn he ruttümmt un be Mörder maakt sick Nicks dorut, be erste beste Gelegenheit webber, to sien Handwark to griepen. Se wüllt nich Gades Geduld un Langmoth sehen, se meent noch gor, wenn dor een God is, dat he dat goodheten deiht. Dat bed of een Döscher in Canada in März 1885; as he vun de annern Döschers beropen ward öber sin gob= los Muul, säd he: Dummes Tüg, dat givt teen God un wenn dat eenen givt denn lat em mi doch strafen, ick bün jo hier un nich bang vör em. Dun flotet he noch veel düller un — dor steiht he, stiev un fast, den Flögel baben Kopp, teen Glid kann he rögen. Bitter told is dat, se seht Alle, Gades Finger liggt up em; se wüllt em nach Huse bringen, he is abers nich to rogen — se wüllt em wat Warmes to drinken gäben, he kann Nicks nehmen; se mot em, üm em nich dobfreren to laten, mit Peerdäken un anner Tüg bebecken, un stahn laten. Een paar Dage stünn he bor een af= schreckend Bispiel; un ahn webber to spräken noch sick to rögen, denn müßt sien Seel an eeren Ort. Kinners lat uns Dank opfern unsern God de uns ropen hett un hett uns wiset den Weg und dat Heil (v. 23).

Micha 6, 8.

Dor steiht schreben, mit groten fetten Bootstaben, un bennoch, wenn dat mal anners geiht, als siene Majestät, de Herr Minsch, dat gefällt, denn heet dat gliek: Wenn 't man wüßt, wat, if bohn schall? — Dor hett sick een Minsch siene schönen Berecknungen maakt, nah sienen Kopp, nich nah dat Gadesword (Jacobi 4, 13—17) un as dat nich anners sien kann — Alles is verloren. Sühst du, Herr Minsch. dor kannst du sehn, wat mit di los is, heft nicht dahn, wat de leve God vun di fördert, heft nich „sien Word holen", heft nich „Leve övet" to diene Nächsten, (dat wär all vör di sülbst berekent in diene Plan's) un büs nich „bemödig" wesen; alle de sülbst plant un schörwarkt ahn God, sünt „stolze Lüde" un de kann uns Herrgod nich verdrägen. Psalm 138, 6. Sprüche 6, 12—19.

Süh den Herrn Jesus an wo he bemödig up Eerden wär; un of uns dorto. Matth. 11, 29.

Jacobi 5, 14—16.

As de Klockmaker de beste Mann is um dien Klock webber in Ornung to bringen, un du di nich so dumm anstellst, un se nah'n Schoster oder Schostenfeger bringst, so schull uns Herrgod wull de rechte Mann sien de unsen Körper wedder torregg flicken kann, denn he hett em maakt un nich de Mann mit de Brill, de Doctor So un So, denn de hett noch nümmer so cen künstlich Wark maket, he sülbst is jo de Bewies dervun, hett sick sülbst doch nich maakt? oder?—Na wörüm löppst denn jümmer erst to den Handlanger, wieder is so cen Mann Nicks, un he kann di, wenn du nich gahn, noch di helpen kannst, dat dohn, wat du nich sülbst dohn kannst. Wullt du abers beter waren, worüm geihst nich to den hen, de di seggt: Ick bün (dat kann alleen noch keen Minsch seggen, denn süh, he will vil= licht grad den Mund apen dohn un — hen fällt he, un: — he is west, seggest du) de Herr (dat kann ok keen Minsch vun sik seggen, denn se sünt alle Sünner, also Deener) dien Arzt! (2 Mose, 15, 26) wenn de annern Deele, keen Minsch seggen kann, vün sik, noch dörft, denn, kann he dütt ierst recht nich seggen. Dat geföllt nu de Herrn Doctors nich, kann abers nicht helpen; har ok mal dree vun jümm, uud de wullen Nicks mit mi to dohn hebben — Dod! — keene Rettung! — u. s. f., dat is nu all över tein Johr her un se sünd meist all dod, un ick störv ok, abers mien Dod finnst du in Röm. 6, v. 11, 12, beschreben, les dat dor. In unsen Text is Bibel=Medicin, un de helpt, dor kann sick Jeder up verlaten. Weet wull, wat de Meisten seggt: Wunner gescheht hüt nich mehr, dat wär in olen Tieden! Nu Minsch, denn bün ick un alle annern Christen de holpen sünd, Lögeners (dörch di) dat lat wi uns gefallen, dor befinnt wi uns ganz good dorbi, hebbt dor so een schön Kopküssen, dor leggt wi uns up (Matth. 5, 11 u. 12), abers du magst di bald nich mehr good befinnen, denn uns Text is in Gods Word un hett eene sätere Verhetung — dorüber kannst du nun di eene Warnung halen (Off. Joh. 22, 19) un uns Herrgod hett dörch dat Wort spraken, un geihst du gegen den, de „de Wohrheit" is?— Uns Herrgod will hüt noch datsülbige wat he jümmer wull, dat Sünner selig warn schullen; un wat vör Middel he anwennded, wär Alles dorto, um de Minschen to, sick sülbst, to bringen, to eeren Vader und dat will he hüt noch, un deiht däglich Wunner.

Lucä 9. v. 62.

Fule Deener, fule Christen, kann de Herr Jesus in siene Wienbargs= arbeid nich bruken. Dat is, een grotes Feld, dat Missionsfeld, wat plögt warn schall, un de dorin to plögen hebbt, de möt rörig sin, as uns Herr Jesus sülbst rechtschaffen arbeidsam wär hier up Eerden. Wat is dat so anners worn. Grote Gehalte, wenig Arbeid un Sommers 3 Monat rüm= reisen, dat is wat hüt, vun de Deeners, fördert ward. Un denn grote Johres= berichte un veel fischen naß Dinge, de den Ehrgiz kettelt, fünt an de Dages= ornug. Dat süht bunt ut, wo Alles de Hand an den Plog hebben will un des Morgens fröh, staats to plögen, torügg kickt, wo dat Middagseten kakt

ward, un wo Abends be köhlste Platz is, ünner den Dörpsboom: dat is jo dat=
sülbige mit eenen jungen Prediger de eben be Hand an den Plog leggt hett,
wenn he all an dat kameude Huus vull Kinner denkt, un an dat behagliche In=
kamen vergrötert, vun Johr to Johr; un denn — he steiht würklich noch jüm=
mer vor un lett plögen wer will — wenn de olen Dage kaamt, dat de Pensjon
recht grot, is un menig lütt Nestei, säker weglegget — de is nich geschickt tom
Riek Gades! — so steiht dat vor. De Christ de jüst anfängt, warm to
warn vör Jesus siene Arbeid, fangt good an deel to nehmen an Arbeit in
Kark un Sündagschool un Kranken besöke, hett de Hand an den Plog legget,
he kickt torügg un besinnet sik wat he dorbi riskeert, un — de Düvel schüfft
em lising be Finger vun den Plog, un nimmt em unner be Arm un — dat
ward arger mit em in be Welt denn fröher! — Nimm een Bispill an Lot
siene Fru, du kannst lesen in 1 Mose, 19, 12—26. se wär nich geschickt in de
Familie de God beropen har, to blieben, denn se ded nich Gades Will.

Ephefer 2, 14.

Wi hört hier vun eenen Thun be afbraken is. Dat is doch wunnerbar,
in be Welt, wenn een Thun delbraken ward, so is dat 'ne schlimme Geschichte;
un wenn in be Bibel dorvun redet ward, so is dat dat Beste, wat geschehen
kann. In Marci 12, 1 leset wi vun een'n Thun üm den Wienbarg. Of uns
Herrgod sien Wienbarg, ümgeben mit een Thun vun luter Gesetze, denn hebbt
se ok intwei braten, un nich dahn, wat se schulln. Am meisten aber möt wi
uns an den Paradies=Gorn holen — dor wär't as dat sin schull, keen Böses
wär dorin, un eene schöne Minschheit, Adam un Eva, un denn uns leve God
— o wo herrlich wär dat. — God har een lichte Grenze dorüm plantet, een
lichtes Verbot, aber dat wür braken, dunn mußten de Minschen rut un een
groten Sündenthun wär rund üm leggt, över denn se unsen Herrgod nich mehr
un all sien Herrlichkeit, sehn künn'n. Dor kunn nu Keener düssen Thun dal=
bräken, as uns Herr Jesus. He hett dat dahn un wi künnt nu wedder in'n
Paradies kamen un wedder mit unsen himmlischen Vader reden. De Sünden=
thun is Fiendschaft twischen God un de Minschen, de Gesetzesthun is eene
Fiendschaft twischen de Israeliten (dat Volk Gades) un de Heiden. Beide
Thün sind dalbraken, God si gedankt. Aber du, mien leve Leser, wenn du nu
jümmer ahn God un Erlöser büst, denn höllst du ok jümmer dienen Thun
twischen di un diene Seligkeit up; un kannst nümmer in den Himmel kamen,
flechtes em jümmer dicker un starker, dörch diene Leidenschaften, bösen Ange=
wohnheiten u. s. w. Seh ok dorna, dat de ganze Sündenthun weg is, dor
dörft Nicks stahn blieben, denn süs heft du keenen frien Umgang mit dienen
himmlischen Vader.

Jacobi 4, 13–17.

Dat is een fien Word för Alle, dat, in uns Hart geschreben, würd veele böse Erfohrung vun uns afholen. Wi schüllt nümmer wat ut uns sülbst dohn, un noch veel weniger, uns wat vörnehmen to dohn, denn dat kümmt doch jümmer anners, as wi denkt. Dat is dat grote Geheemniß wat de Gades= kinner eeren Freden givt un erhöllt, so dat se Nicks stören deiht, dat kümmt düssen oder den Weg. So de Herr will un — „wi lebet" — denn, wer kann so driest sin un bestimm över de nächste Minut, da doch dat Leben nich, in den Minschen sine Hand is?

Apost. Gesch. 26, 28, 29.

Düsse Mann, de König, har meist Lust een Christ to warn, worüm würd he dat nich? Woneben stickt de Fehler? Menigeen künn wi düsse Frag vorleggen un gewöhnlich ward dat nich schwer, denn Fehler to sinnen. Agrippa kunn sien Stellung nich upgeben, de Sprung wär to hoch — he seeg dat in Paulus, wat he nich har, abers wat he har, wull he nich geern dorvör hergeben. Dat is de Fehler bi alle de noch utsied vun dat wohre Christendom sünt, se mügten geern dat Schöne, wat de Gadeskinner hebbt, Vergebung vun Sünden, Leben un Seligkeit, abers se wüllt ebensowenig as Agrippa, hergeben wat se hebbt; eere Weltlichkeit, Angewohnheiten, Leiden= schaften, Geld un Good un Ansehen in de Welt.

Richter 15, 3–5.

Wat Simson's Vösse bedüdet, so meen ick, fragt wull Jeder= een, de dor weet dat wi luter Vörbilder hebbt in de ole leve Bibel. In dat Christendom givt dat veel Rook un Qualm wenn de Vösse dor mit eere Füer= brände mank kamet, un de Früchte, de goden Kornfelder vun den rechten Glo= ben, verdarvet. Bun vörn, seht de Vösse, de so utschickt ward, mark, mit eenen Brand twischen jüm, rech schlief un glatt ut, abers wat se hinnerher laten, dat is nicks als schwarte, verbrennte Stoppel un Asch, de de Wind wegweiht, un dat nimmt lange, sehr lange, ehe su een Feld wedder bestellt warn kann. Uns Herrgod schickt ok ünner de godlose Minschen de sien Wort ver= achten mannigmal sünne Vösse, dat sünt kräftige Irrbömer, as dor II Thess. 2, 11, 12, steiht.

II Corinther 12, 14.

Wo is dat Paradies wull, wo uns Paulus seggt dat he wesen is? Is wun= nerlich, dat alle Minschen, Christen, Juden, Heiden, eene Sehnsucht hebbt, in'n Paradies to wesen oder to kamen, un de meisten wüllt sick dat sülbst sinnen. Hebbt all Lüde de ganze Erde dörchsöcht, un ganze Vermögen verreiset un hebbt dat nümmer nich funnen. Wenn Paulus, dorüm blot, reiset har, denn har he't säker nich funnen, nu is he abers dor west un hett so veel Herrliches

to vertellen, dat he dat bi sick beholen mußt, denn he kann keen Wörde dorvör
sinnen. Dat meen ick, möt dat rechte Paradies sin, denn wenn wi eene
Sprake harn, de de Herrlichkeit beschrieben künn, denn mühßten, entweder, wi
int Paradies leben oder dat Paradies wär nich veel schöner, als uns leve Eerd.

Een lütt Bäten wät wi ok dorvun, un dat is, dat wi, de wi Gadeskinner
würklich sünt un een nieges Hart hebbet, un uns Heiland, uns Een un All is,
so een lütte Eck vun Paradies, hier all, hebbt. Gah ick so in mienen Vader
sien groten schönen Goarn, seh all de Böm de he plannt hett; de Fische in dat
reine klore Water; de Vagel in de Luft; de schönen Kornfelder; de schönen
Blomen; de Immen mit eeren Honnig, de flietige, lütte Ameisen: un ick dörf
dorin gahn un all geneten un mit minen Vader reden, dörch Jesum mienen
Heiland, da meen ick schier, ick bün in'n Paradies; un so is dat, wenn du Freden
mit dienen God hest, dörch em, den Fredensfürst, Jesus! Süh dat wär all
wat Adam har. As he abers in de Sünde willigt har, dunn wär he ok noch
int Paradies, aber verkröp sick achtern Busch un zitter, un frör un de Angst=
drüppen lepen em över de Huut; wo wär sien Paradies? un doch wär he
midden dorin! Ah, mien leven Frünn, maakt dörch Jesum, Freden mit God,
gaht mit Em ut un in, un hen un her; doht Gades Wille; folgt Jesus in siene
Arbeid un du büst in dat beste Paradies, so lange du in dütt Leben büst, keen
Rothschild, kann sick dat köpen, keen Kaiser dat erobern; du un ick wi künnt
umsunst hebben, ick hev dat, un de Kosten hett Jesus betahlt. Hest du dat
ok? — denn versteihst du wat Paulus hier seggt. Hier sünd de veer Haupt=
stellen över dat Paradies: 1 Mose, 2, 8; Lucä 23, 43; 2 Corinther 12, v.
4; Off. Joh. 2, 7.

Matth. 3, 12.

Wat würd dat doch so good sin, wenn alle Christen recht oft düssen Vers
lesen un sick vörbäden deden. Wat würd dat so good sin, wenn alle Gemeende=
mitgleder sik bereit hölen, den Wind de Anfechtung, de dörch de grote Welt=
schündehl weihen deiht, entgegen to gahn, un, fast in eere Lehre, fast up eeren
Globen, fast in eer Christenleben, stahn dehn. Süh Ick bün bi jug alle
Dage bet an de Welt Ende, seggt uns Heiland (Matth. 28, 20) un
so steiht he ok jümmer mit de Worpschüffel parat, un de Wind fahrt gar
scharp dörch de Schündehl; un de grote Hupen Weten, utdöschet ut dat Stroh,
schneden un infahrt vun sine Knechte, is unbrukbor, as he is, to veel Kaff,
de danzt un juchheiet man so in den Wind, de em schier klor mank den Weten
ruterföhrt, rut ut de Christen=Schündehl, rut ut de Karkendör. Dat is
wunnerlich Tügs, dat Kaff wunnert mi meistens woans se överhaupt mit in'n
Hupen kamt; doch klor ward uns dat Matth. 13, 30.

Nich wiet dorvun (Lucä 8, 13) noch just eben up de Dehl, abers achter
rut, ligget dat Dörchgefretene, un kann, bet to dat halve Wetenkorn, vör
Nicks rekent warrn, dat is dat Tekel=Korn (Daniel 5, 27). Der is noch

eene ganze Lage, anner Korn un Unkrutsaat, un ¾ Weten, 't is all op de
Schüffel wesen, aber is nich wiet flagen; is noch to licht; bilt sick up eer
Art in as, god genog Doch), dat helpt jüm nich, de, mit de Worpschüffel
is achter den ganzen, gooden, goldigen Weten her; de anner ward nich
refent (Matth. 7, v. 22). Wiet weg vun de Schüffel, dörch alle Anfecht-
ungs=Wind hendörch), liggt de reine Weten, vun dem wi leset Jacobi 1, 12.
Ah, miene leven Fründe, dat is een gar starke Wind vun Anfechtung, den
de goode Weten uttoholen hett; aber, — aber, — oh, de Herrlichkeit; oh,
de Freude — wenn't utholen is, — de Krone vun't ewige Leben is unser,
so hett uns Herrgod dat versprafen. Alle, de em leev hebbt, un blot
Solche, künnt dat utholen, hier up Eerden. Se lat eere Seele nich ver-
hungern, so dat se as dat Kaff, achter herut weiht ward, nn in de Lüfte
danzt. — Künnst du, mien leve Leser, de Seelen vun de sehn, de dor op
de Danzböh'ns rumfrüselt, se fünd so dünn un utbröget, un verhungert,
as de, sogenannte Seel, de uns ole Scholmeister ut de Goosfedder herut
tröck, wenn he se sick vörschnieden ded, tom schrieben. Dorher künnt se so
flegen, un as se „Nicks" fünt, so weet se „Nicks" un ward of „Nicks" —
Nicks bet an't Ende — denn abers fünt se wat; nemlich verdrögte Seelen
de blot noch tom Füerböten bruukt ward. (Matth. 18, 9.)
     Annere lat eere Seelen, vun eere Leidenschaften, ¼ oder ½, oder gor ¾
anfräten, as dat Tekel=Korn is, un as du, de Näsen vun den Lüftling,
rein upfreten, genog to sehn krigst. Lat uns de Seele plegen, as wi doch
denn Körper pleget, dat is frilich, gegen den Düvel sinen Willen, de will
dat dien Seel verhungert, un seggt di, dien Körper büst Du, un denn
plege; abers, hör nich nah den olen Lögener, hör up Jesus; de säd, as he
of vun den Düvel verföhrt warden schull: De Minsch levet nich vun Brod
alleen (dat geiht in Fleesch nn Blot) abers vun een jeglich Wuord, dat ut
Gades Mnnd geiht! (Matth. 4, 4.)

Marci 16, 16.

     Dat is doch wunnerlich, dat eenige Lüde so geern düssen „Döpbefehl"
verdreihen müggten. Se segget: süh dor steiht toletzt nicks vun de Döpe,
dorum is de Globe wat, un de Döpe nich nödig. Ick hef nu nicks dor-
gegen, dat Jedereen sick sien Supp soltet, nah sienen Geschmack, aber, dat
leeve Gadesword mi ümdreihen, dat lat ick nich to, dat geiht mi wat an,
bün ick doch mienes Vaders Kind. — Süh, dor steiht düdlich: „Wer dor
glöbet un gedöft werd, de ward selig" — so gehört de beiden Deil tohopen
un künnt nich uteenanner reten warn; un dat Letzte is doch gor klor —
„Wer abers nich glövet" — wat schall dor överhaupt vun Döpe
segget warn — hört de Döpe denn to den Unglowen? — Wo keen Globen
is, hört keene Döpe — üm to de Hell to fohrwarten, bruukt Keener eene

Döpe — dorüm nich), hör to: „de warrt verdammt warden". — Süh dor is dien Reisepaß, du unglobige Verdreiher! Abers Globe und Döpe gehört mit eenanner.   Wullt du reden vun „lütte Kinner? — „Büst sülbst noch) een bannig lüttes Kind in de Christenheit; weest Nicks, kannst Nicks, un heft Nicks, vun all dat, wat een Gadeskind toküummt — „lütte Kinner" — ja, kiek achter den Busch in'n Paradies, dor staht grad jun paar „lütte Kinner" as du büst, hebbt sick Schörten maakt vun Fiegen= bläder un verkruupt sick achter eenen „of" dörchsichtigen Busch, un nu meent se, eere Vader, kann se nich sinnen, kann nich sehen, wat se wüllt, wat se sünt, und wat se verstäken müggten.   Just so steihst du dor, du lütte, un= globige Patron. — „Adam? wo büst du?" — „Ungedöfter, wo büst du?— „Gods=Word=Verdreiher, wo büst du?", — Kumm rasch rut ut dien elen= des Verstäck, un schmiet diene Fiegenbläder weg — „lütte Kinner künnt nich glöben" — So? — wat för 'ne Schört. Les mal wat Marc. 9, v. 42 steiht un hö di. Kumm to Jesus, de will di helpen, de will di lehren. (Matth. 11, v. 28 u. 29.)

I Corinther 15, 30, 31.

„Un wat staht wi alle Stunden in de Gefohr? Bi unsen Rohm, den ick heb in Christo Jesu, unsen Herrn, ick starve däglich." — Süh, düt ver= staht de Schäpers, de de Schape höden möt, dat Evangelium predifen, un hen un her Godes dohn. Se hebbt den „Abel" sien Handwark överna= men, un sünt dorüm een Dorn in't Oge vun de „Kains=Nahkamen", de denn jümmer den „Kainsknüppel över uns schwenget, d. i. de gehässigen, giftigen, un neidischen Redensarten un Wedderlichkeiten; un de of flötet un uns in den Dod verdammet. (I Joh. 3, 15.)

Ebräer 11, 14.

„Dat se een Vaderland söken! — Hier is vun Lüde geredet, de nich, as de Kreatur, hier up Eerden tofreden is un hier to bliben söfet, nee, se söket een Vaderland, un in dat Land, is of een Vader, den dat Land ge= hören deiht. Lat mi di fragen, Leser „Wat söfest Du? — Wi weet wull, dat dat keen Minsch up Eerden givt de nich „Wat" söfet, abers wi wullt doch of weeten, wat dat is, denn dat givt blot Tweerlei wat: „Goodes" oder wat „Böses". Nu hört di dat wull wat wunnerlich an, dat över= haupt wat Böses söft ward? Doch, so is dat, — of all jümmer so west, as uns de ole un niege Tied dat wiset. Un dat „Söfen" fangt meist mit den ersten Dag in düt Leben an un blivt bet an den Dod. Veel Wohrheit is dorin, wenn seggt ward: „Jung gewohnt is old gedahn", oder „Wat man drivt, dat blivt". As dat bi de lüttgen Kinner is, se söfet eeren

Willen dörchtosetten, so is dat bi alle de, de nicks „Godes" wüllen, blot wat „Böses", dat is de Godlosen, de wüllt „ceren" Willen, dat is jümmer wat „Böses", de abers God levet, de wüllt wat „He will" wat „Godes". Süh mal her: De Een will rief warn -- na, wenn du dat wußt dann finde sülbst ut, wat dat is: Sprüche 11, 28; Ps. 49, 17, 18; Prediger 5, 12; Matth. 19, 23, 24; Lucä 6, 24; Jacobi 5, 1—3; Off. Joh. 3, 17: Off. Joh. 18, 17. Marf up dat Word Luc. 12, 18—21: un is nich rief in God!

Noch Eener, will geschickt sin: Prediger 9, 11; Ps. III, 5; Ps. 127, 2; Jerem. 10, 14 n. 51, v. 17; hier is de rechte Düchtigkeit: 2 Cor. 3, 5, 6; 10 v. 18. „Wat söfest Du? Ick söfe dat tofünftige Jerusalem Hebr. 13, 14.

Ruth 2, 19.

„Wo hest du hüte gearbeided? Weest du, Fründ, dat dütt eene wich= tige Frage is? Seggst villicht: wat hev ick dormit to dohn? Will di dat bald vertellen. Büst villicht dien eegen Herr, (Deenstlüde un Arbei= ders sünt dat jo gewohnt, so fragt to warn), un lettst di nich geern ut fragen; mag gan; good sin, vör Lüde de wat bang vör di sünt, abers ick fürcht mi nich vör di, bün wat driest un frag di hüt: „Wo hest du hüde gearbeided? Büst patzig? Wullt nich antworten? Noch eenmal: „Wo hest du hüte gearbeided? Hest dienen Herrgod deenet, oder hest den Düvel to Gefallen, arbeided? Ah! ick wüst ick keem di wat neeger. Wat? Keene vun Beiden, seggest du? di sülbst? — Ja, süh, denn will ick di Eenen wiesen, de dacht ok blot an sick sülbst: Lucä 12, 16—21, un ok Lucä 16, v. 19—31, un nu frag ick: hest Lust dorto? Doch mark noch een Deel, ob du nu Herr oder Arbeider, Fru oder Deern, Old oder Jung, büst, düsse Frage is nich alleen eeue „dägliche Frage", nödig vör Jeden un fraget vun God; se is ok eene „Lebens=Frage", süh, de du grad dor steihst, an dien Lebensabend, an dien Dodenbed, denn heet dat: Wo hest du hüde (de 10 oder 20, oder 70 un 80 u. s. w. Jahre) gearbeided? Ach, miene Fründe, dor ward mennig Tähne tohopklappen: mennig Knee klö= tern; wenn so fragt ward, vun God! Aber düsse Frage is ok eene „Ewigkeits=Frage! Süh, wo du arbeided hest, dor blivst du! Hest du, verstah mi recht, op dat Goodes, dat Gades=Feld, unsen Heiland sienen Wienbarge gearbeided, denn blivst ok in Ewigkeit bi „Em" mit alle Seli= gen. Hest du aber diene Dage dorhen bröcht in den Düvel sienen Deenst, in den Weltdienst, ahn God, also „god los", nu denn hest ok in Ewigkeit di vun God los nn fast mit de Hölle gearbeided — dor ward sin: Hulen un Tähneklappern. Ach Fründ, noch is dat Tied ümtokehren, noch kannst redd warn; Jesus röppt di: Kumm to mi, wer kümmt, so lang wi noch

hier sünt, de schall nich utstöbt warden Joh. 6, v. 37. Nich wohr? lettst
di nu all in mit mi, dat ick di frag. Hängt doch gor veel dorvun aff, de
„ewige Seligkeit" kann di dörch de Finger gahn, wenn du de Frag nich
recht antworden kannst: Wo hest du hüte gearbeidet?

Hesekiel 37, 3.

„Uu he sprock to mi: Du Minschenkind, meenst du ok, dat düsse
Knaken wedder lebendig werden? — Sonderbore Frage, seggest du am
Ende, wo künnt de Knaken wedder lebendig warn? Nu, dat is mit veele
Lübe de Fall, ok to unsen Heiland siene Tied up Eerden, sinnen sick gor
veele, de dat nich glöben wullen, (Matth. 22, 23; Apost. Gesch. 23 v. 8),
ja, de gornicks glöben deden!

Na, wi wullt nich lange dormit achter den Barg holen, süh de Kna-
ken, sünt de goblosen Minschen, de sünt alle dod, dat heet, dod „to God",
un eere Liewer de hier up Eerden dörch Gades Gnade noch rümm lopt,
sünt in siene Ogen — dod. Dat dat nu gor unverständnige Lübe geben
deiht, so lat mi hier glief seggen, woans dat dormit is. Süh, wenn du
eenen fulen Dagdeev vun Jungen oder Deern hest, de blot äten, drinken
un schlapen will, denn is düsse vür dien Huushold, vör dien Geschäft, vör
dien Leeve, so good as „dod". Nu denn, wat is dien Verhältniß, mit
dienen Vader in den Himmel? Büst du grad so Een! Denn, mien
Fründ, büst du „d o d"! As uns Herr Jesus up de Welt keem, dunn
wären dor man Wenige noch am Leben, abers üm de Doden to redden,
üm de Knaken nu wedder lebendig to maken, keem he; un nu giwt dat,
God si gepriset, gor veele, lebendige Minschen, de eeren God deenet. Nu,
lütt Leser, sök di dienen Platz ut, wo büst du to sinnen? Lögen nütt di
nich, uns Herrgod kennt di. Hest bettoher noch bi de Knaken lägen? denn
kumm to Jesus, he maakt di wedder lebendig. Kumm, noch is dat Tied,
nahsten ward to laat sin; denn wenn du ok dat bäten lievlich Leben nich
mehr hast, denn möst dorhen, wo alle fulen henkaamt. Matth. 28, 41—46.
Du lesest dor, se mögt nich vör fuul gellen, sünt dat aber doch west. Seh
di üm nah den Flietigen, bi Tied, segg ick di, un lese vun jüm Herrlichkeit
in Matth. 25, 31—40.

5 Mose 11, v. 8.

„Dat jig gestärket ward!" Alle Kinner, de eeenr Vadder leev hebbet,
doht wat se em an de Ogen affsehen künnt. Alle Gadeskinner sünt flietig
siene Gebade to holen, un dormit bewiset se eere Leeve un Dankborkeit.
Lübe nu, die in trurige Verhältnisse kamet, de abers eeren Vadder nich
kennet, de ward schwack, denn se hebbet Nicks, worup se sick verlaten künnt.
Gadeskinner abers, de vergät nich Siene fröhere Hülpe, sünt dankbor,

wiefet dorup hen un fünt — geftärft. De Stärke ligget in Vertruen up Gades (unfers Vadders) wiedere Hülpe. Mark di dat!

Lucä 10, 20.

„Freuet jug övers, dat j u g Namen in'n Himmel anfchreben fünt". Eene grötere Freude kann wull keen Gadeskind hebben, as de, dat he weet, dat fien Name mit in'n Himmel anfchreben is. Veele Lüde möget eeren Namen geern gefchreben und gedrucket fehen, hier up Eerden, un fünt gor hochnäfig dorüber; aber vun de Art, vun de de Text fprickt, finnt wi hüttodage man fporfam. Eene wunnerliche Minfchenklaffe givt dat, de fragt Nicks nah eeren Namen, aber fünt wild achter de fogenannten „hiligen" Namen. Un wat för een lang Regifter dat is, kannft am Beften hören, wenn tom Bifpill up een Schipp büft, in de Tied, dat dat Water unruhig is, un een groten Storm weiht, denn liggt de, de noch eben bi de Korten flöket un fchworn hebbet, op eere Knee, un in de Tied, vun 2 Minuten, rappelt dor een föftig Namen her, de all helpen fchüllt; Namen vun de fe meent, dat de dor Baben anfchreben fünt un de nu helpen künnt. Een anner Sort fünt tofreden, wenn fe meent, dat jüm frame Grotmoder oder Moder in'n Himmel is, un dat is jüm genog, denn de ward wull dorvör forgen dat fe ok noch eenen goden Platz affkrieget. Een Man, in miene Nedge, har fick bi fienen Prefter vör drehunnert Daler (de Kark is blot 5 Minuten vun mi, wo funn Kram hergeiht) eenen fchönen Buplatz köfft in dat niege Jerufalem, un, (fo feggt fiene Bekannten) freut fick doröber, denn in dat grote Papier mit all den latinfchen Kritzelkram, künn he düdlich „fienen Namen" lefen. Doch miene leven Lefer, dütt fünt Saken, över de man weenen kann, un unfen Heiland bidden, doch düffe Finfterniß ut dat Land to jagen, mit fien Licht der Erkenntniß. Aber lat mi di, mien Lefer, mal fragen, ganz unner uns, unner veer Ogen, heft all an dacht ob „d i e n N a m e n" dor in'n Himmel anfchreben? Dien eegen Namen, nich dien Fru eeren, nich dien Mann fienen, nich diene Öllern eeren, „d i e n e e g e n N a m e n"? Du kannft dat wäten, füh· Paulus wüßt vun fick un Annere (Phil. 4, 3) nn fo weet ick vun mi un Veele. Gah hen nah Jefus, övergäv di Em ganz un gor, un bald ward di dat klor, ob du fäker büft dat dien Nam dor is, un denn? Na, denn lefe Joh. 10, 27—30, denn büft fäker borgen, blieb bi den Herrn Jefus, un du warft felig.

Joh. 11, 33.

„Ergrimmte he in'm Geift". Wi wät dat de Herr Jefus mit Fliet noch töben ded, as he hörte, dat fien Fründ Lazarus fiehr krank wär (Joh. 11, v. 6) un nu feht wi Em, dat he grimmelich to Moth is, nich, wiel he fo lange

wegblev, un de Lazarus, starben müßt; nich dat he nu all begraben: nich dat
he all stinken deb; (v. 39) — nee dorüm — will siene leeven Fründe, de so
mennige Bewise vun siener Macht un Herrlichkeit sehen harn, jümmer noch so
„schwachen Globen" harn.   Leser, of di hett de Heiland so veele Gnade er=
wieset; hett di so of de Gebede erhöret, so oft holpen in allen Nöthen; wi
steiht mit „dienen Globen"? is de of glief weg, wenn dat mal een bäten an=
ners geiht as du bi dat toregleggest hest?   Dat eere Leeve tom „körperlich=
sichtboren" Dingen noch so „stark" un vun de „Hoffnung up de Herrlichkeit
in'n Himmel" Nichs to sehn is.   Is dat of so bi di?   Vers: „Un Jesus
güngen de Ogen över."   Dor fragen wi wull, worüm?   Veele antwort, da
he de Famili so leev har un nu mitweente.   Ne, süh, se meenten, will Jesus
nich kamen wier to rechter Tied un har Lazarus gesund maakt as he dat so
mennigmal an Annere sehn harn.   Dorin künn uns Heiland doch wull nich
mitinstimmen?   Nee, mien Fründe, Jesus meente, wiel eer Globe so sehr
schwach, dat se nicht in Em de so veel dohn dar, den Gadessöhne, erkenueten,
de allmächtig is un nich erst nödig hett, wenn he helpen will, dorbi to sin
un de Hände uptoleggen.   Martha un Maria weenete of doröber, dat nu de
Stütte wegräten, de den ganzen Huusholt dragen har, un de beiden schwache
Fruunslüde nu alleen wirken schullen.   Dorüber weente Jesus, dat se noch
nich begrapen harrn, dat He, eere beste Fründ, nu för se sorgen
würd; und dat se sick jo nich up een Arm vun Fleesch verlaten schulln, harn se
jo in eere Bibel (2 Chron. 32, 8; Jeremia 17, 5).   Un wo veele schwach=
glöbige Christen givt dat hüte, de ganz so sünt, as Maria un Martha, un
wo Veele sünt dor, de se dorin bestärket, as de mitweenden, lamentirenden
Juden.   Dever Solche weent de Herr Jesus hüde noch, de nu sick schämen
schüllen, wo he doch segget hett: ahn Mi künnt ji nichs dohn" (Joh. 14, 5),
wat jammerst denn du Minschenkind?   He is jo alle Dage bi uns bet an de
Welt Ende! (Matth. 28, 20.)   Vers 38: Un Jesus ergrimmte noch eenmal
in sick sülbst.   Worüm noch mal? so fragest du, de dor vörsichtig in dat köst=
Gadesword lesen deiht.   Wiel; nah all sien Wirken, as Gadessohn, as Er=
löser; as Gnaden=Prediger; dat een vergebliche Arbeid schien, vun Himmel her
to kamen üm düt wedderliche Geschlecht to redden vör sick sülbst; dat mank all
de Minschen, de dor siene Tügen sin schullen, keen Vertrogen to Em to sehn
wier; ja dat se em gor vörschmieten beden, Vers 37, dat dat verdächtig wier
in eere Ogen, dat he de Blinden de Ogen opmaket de em Nichs angüngen,
un sienen Fründ nich helpen har.   Noch mehr, se wullen em blot grünen, den
Platz so sehn wo sien Fründ begraben wier, abers sehn schull he em nich mehr
Vers 39.   Herr, he stinket all, denn he is all veer Dage hier henlegget.   Na,
grad so mien Leser, maakt dat de Lüde hüde, hörst, du of, etwa dorto?   Se
klaget eere Dröfniß, eere Schwachheit, eere Sünde, eere Armoth, eere Leiden=
schaftlichkeit u. s. f., an Jesus in eere Gebede „ahn rechten Globen" denn

je klaget, aber fraget nich vör Hülpe. Se maaken Em gor Börwürf, nich Em
as denn Redder antoropen, bedet fe. Se wüllt blot dat vulle unglöbige, un-
tröstlike Hart utschütten, sick fülbst bejammern, sick hören; sick fülbst dordörch,
stärken. Se fünt bang, fe grugelt fick vör jüm fülbst, dorum ward fe lude.
Ach, de armen, schwacken Christen, wat vör Freude würd fe hebben, wenn fe
eeren Heiland recht vertrugen, up fiene Gnade, fiene Leeve, fiene Barmherzig-
keit, Almacht un Allwiesheit, sick verlöten, un so, to Em kennen. Gah to
Jesus! loop vör di fülbst weg, denn du bögest nicks. Gah fix hen to Jesus.

Gah fix to Jesus, kumm spode di;
He is bien Helper, He maakt di fri;
Kiek du nich rechts, un wäs du man flink,
Kiek ok nich links, God winket fien Kind,

O wat ward wi eenmal all uns frein,
Wenn wi dor, wo Alle, fünt ganz rein.
Wenn wi bi Jesus — oh, oh wo schön!
Kumm lat uns fix to Jesus teh'n.

Jesaias 9, 13—17.

Nich wohr Leser, dat is een sonderbore Text? Un doch, wo dröppt he
recht denn „Nagel up den Kopp"! Wunnerselten seht wi hüt en Volk, oder
Stadt, oder Gemeende oder enzelne Minschen, wenn uns leve Herrgod je
mal tüchtiget, sick wenden vun eeren bösen Weg, to eeren leven himmlischen
Vader. Wunner un Teken wüllt fe jümmer vun Himmel sehn — grad as
de Pharisäer to unsen Heiland fiene Tied up Eerden (Matth. 12, v. 38).
Aber düsse Teken vun Gades Leev, dat he fe schleit, wüllt fe nich anerkennen.
Dorüm müggt ick fe nah unsen Text „blinde Fische" nennen. Se fünd ok
„dod" to nennen, denn dor is keen Leben, geistliches Leben, in jüm, un de,
seggt uns Herr Jesus, ward „wegschmäten" (Matth. 13, 47, 48).

De Vers 14 segget nu wat de Herr mit düsse Fische dohn will. He will
denn Kopp afhauen, dat fünd de sog. olen ehrlichen Lüde. Dat fohrt di wull
gewaltig in de Knaken, Leser? höllst di vör „ehrlich" wiel di de Polizei noch
nich bien Kragen hod hett? Mag dien „Ehrlichkeit" nich, de is ingebillt; is
diene „Meenung" un uns Herrgod mag de minschliche „Meenung" nich, he
seggt: fe fünt vun „Satan" (Marci 8, v. 33). Düsse „ole ehrliche Lüde"
fünt „Fische in dat verkehrte Water" un as fe de Köpp fünt vun de Minsch-
heit — de dat Middelstück — so fünt fe de Volksverdarber; denn, dat Oeller
schüllt wi ehren, un eeren wiesen Rath un Ermahnung folgen. Wenn de nu
verkehrt fünt, so doch wo de Kopp hengeiht, de Rump folgen möt, so geiht

dat Alles verkehrt. Dorüm um de Jugend to rebben, dat Volk to rebben, möt de Köpp afhauen warn. Denn seggt Vers 16: de „Lieders" vun dat Volk fünt Verföhrers; un de sik lieben laat, fünt verloren. Düsse Art Lieders hebbt so een dummen Schnickschnack in eere upgeblosene Sülbstgerechtigkeit in de Welt sett, so een rechtes „Düwelsei" is, dat he segget: „Doh recht un wäs för Nümms bang" — dat is mien Wahlspröck! De Spröcke steiht abers in den Düwel sien Book. De olen, ehrlichen Lüde schüllt afhauen warn — dat is de Art (sinnt sik ok oft mank de Christen in de Kark) vun de ns de Herr Jesus seggt in Matth. 7, 19, 23, un Kap. 25 v. 41. Wullt du Leser mal een recht klores Bispill hebben, dat de Art, de Jugend verföhrt un Elend öwer de Wätfruen un de Waisen bringet? (Dat is dat Middelstück vun düssen Fisch.)

Süh! denn kiek di so een „olen" (Weisheit 47, 10) ehrlichen (?) mal genau an. He hett „noch"! eenen goden Rock an, is een Geschäftsmann, geiht in een Wirthshus, un verbringt dor sien Tied mit Drinken, Kortenspeelen (den Düwel sien Bibel-Book) un schnackt Goblosigkeit, Unmoral, Liederlichkeit, un im Allgemeenen „Dummheit", verschludert schändlich de Tied, de he to de Hülp för de Fro, un to de Errteckung vun siene Kinner, anwenden schull. Düsse Minsch, kiek di em noch mal an, mag geern Een vun de Jesaia 3, v. 2 un 3, genömet sin, mit de de Herr, nah Vers 1, verstohren will, un de in uusen Text 9 v. 14 fallen schüllt, wenn God sien Tied kümmt. He lehrt sien eegen un annere Jugend denselben Weg, denn: wo de „Kopp" hengeiht, folgt de Rump, — un bringt sien Fro un lütte Kinner dorto dat se Wätfro un Waisen ward dörch sien Sülbstmord, wenn ok langsam, so doch säker.

Un dat, wat he Godes dohn künn an de Armen, de dorto dor sünt, dat wi an jüm dohn künnt, wat de Herr Jesus dahn hebben will, (Matth. 26. 11) verschwennt he an Fnullenzers un schändliche Lüde (Jesaia 5, 11, 12; Kap. 28, 7, 8; Habakuk 2, 15; worin die schändlichen Lüde beschreven).

De Herr will aber ok den „Schwanz" afhauen, dat sünt nu de Propheten, de falsch liehrn, de Presters, de Pasters, de Schäpers, de de Minschen Höden schüllt, abers de weltlich sünt, de ehr Amt schändlich mißbrukct um schändlichen Gewinnes willen (I Petri 5, 2) fragest du, worüm dat so utbüdcd ward, dat de Presters de Schwanz vun den „Minschheit-Fisch" is? De Antwurt wüüt wi di geben: De Schäper hött sien Schaap, vör sik, un wenn sien Leben rechtsahrig good is, denn bringt he sien Schaap in den rechten Schaapstall.

Nu aber möt he den „Weg" kamen (Joh. 14 v. 6) un dorto beropen sien, dat he em gahn kann (Joh. 3, v. 5) denn ward he de Schaap in den Himmel föhren dörch de enge Port. Abers „keen" Schäper kann den „engen"

Weg gahn, un nich etwa sien Schaap nah de Port (de Schaapstalldöhr)
ledden, dat se ringahn künnt un he buten blieven möt, dat wier doch wull
een wunnerlichen Schäper; abers 't süht meist so ut, as wenn de Lüde dat
so meent. So eene Art Schäpers, de sünt de Schwanz un ward afhauen,
denn se künnt nich de Jugend, noch de Wädfruuns, noch de Waisen föhren
noch höden. Dorüm, miene leven Leser, gaht jo sülbst to Jesus, de jug
röppt (Matth. 11, v. 28 u. 29) un lernt vun Em sülbst, un „hödet jug
vör de falschen Propheten", de in Schaapskleeder to jug kaamt (Matth. 7,
v. 15) un wohrt jug vör de „olen ehrlichen Lüde", de Hüchlers un Böse
(Jesaia 9, v. 17).

Hosea 10, 12, 13.

„Un plöget anners! — Wenn uns Herrgod hier seggt: dat wi „an-
ners" plögen schüllt, so mot wi jo verkehrt plöget hebben. Dat Plögen is
eene Arbeid, im dat Land to den Saaten-Empfang vörtobereiden, üm
nahsten eene Ahrn dorvun to kriegen. De meisten Minschen nu, de plöget
blot, dat heet, se „arbeiden" in düsse Welt, nich vor de Ahrn achter dütt
Leben, nee, vör good Leben alleen vörm Dod, dat anner schient jüm nich
to kümmern. Se seiht denn ok nich wat se schüllt, se leget un bedreget un
seiht somit, Ungerechtigkeit. Nu is dat abers gewiß, wat de Minsch seiht
dat ward he ok ahrn (Galater 6, 7). Dorüm ermahnt uns God's Word,
dat wi Gerechtigkeit seihen schüllt üm Lewe intoahrn. So aber, de Minsch
heit is vull Betrug, se plöget Boses, un ahrnt dorvor dat Övel, un äted,
de Lögenfrucht. Seh di hüt um, un lern genau de meisten Geschäfte ken-
nen, un du warst sehen, dat alle up de Logen buet sünt; Lögen is eer Plog,
Lögen, is eer Tuusch wore; Lögen, eer Uptreden; Lögen, eer Lebensart;
Lögen eer Antog; Lögen eer Haar, eer Lachen, eer Weenen; Lögen eer Up
stahn, Lögen eer Tobedgahn; Lögen eer Groten, (goon Morn, goon
Aben); Lögen eer Glückwünschen; Lögen eer Breefschrieben; Lögen eere
Framigkeit; — Lögen! Lögen! Lögen!

De Seel, de sick to Jesus wennt, de kann anners warn, of an
ners plögen. Dorüm „plög anners" meent — gah to Jesus —
de maakt di anners, denn „ahn Em" künnt wi Nicks dohn (Joh. 15, 5).

Off. Joh. 2, 25.

In de Offenbarung 2, v. 25 ward wi ermahnt: „Dat wat ji hebt,
dat holt, bet dat Ick kam!" — Dat is nu grade wat de meisten Lude wull
mögen, aber nich könen. De Een arwt een schön Summe Geld un will
dat beholen, aber sien Angewohnheiten, de he hett, un de nu vergrötert,
lat em dat bald dörch de Finger gahn. Dat is nu nich so'n grot Unglück,

4

wenn de Lüde arbeiden wüllt un of künnt. De Wörde dor baben aber gelt
nich so Lüde, de blot dat Geld lew hebbt, nä, se gelt dat, wat wi vun un=
sen Herrn Jesum kregen hebbt; dat, schüllt wi fast holn, bet He kümmt.
Nu givt dat Christen, de hebbt de erste Leev to Jesus un to sien Arbeid,
aber se hebbt noch Leidenschaften, so nebenher lopende Angewohnheiten in
eeren Lebensloop — un sünt se bannig six in Godesdohn, in Bekennen
vun Jesu hilligen Namen un siene groten Dathen an jüm, un sünt ok
doröber ut, Seelen to redden. Doch — de erste Iwer schlitt sick af, un de
Angewohnheiten kriegt mehr Uppassung; so ward de Herr Jesus trügg
schaben, sien Arbeid vernachlässigt, un mehr schmöket, mehr drun=
ken, mehr spält, mehr Gesellschaft besöcht; abers weniger
Bibellesen, weniger Andacht in'n Huus, weniger Karkgahn, weniger
Bäden. Süh, denn holt wi nich fast wat wi hebbet, un wenn de Herr
Jesus kümmt, denn hebbt wi eenen Barg Untugenden — aber — Nicks
vör „Em"; wi sünt just as de narrschen Junfers, de keen Oel up eere
Lampen harrn. Minschen in de Welt lehrt nich, un dat schient, de Christen
ok nich; süs müsst dat bäter in de Christenheit utsehn. De Bibel vertellt
uns dor een schön Stück vun eenen Königssöhn, de leet sick tom König
maaken, ehrer he dorto Recht har: he gäv sick veele Möh, de Lüde up siene
Siet to bringen, un würd sehr belewet. As he nu abers König wär,
dunn künn he siene Lunen recht los laten un he vergeet den eegentlichen
Zweck, dat Regeren, nn wull blot geneten. Doch solche Lüde lett uns
Herrgod bald anlopen (Jeremia 50, 31, 32). Bald fallt Alles vun jüm
af un man lett se alleen in eer sülbstverschuldet Unglück. So güng dat
düssen König Absalon, dat, wat em am meisten siene sog. Frünn lavet
harrn, siene langen Hoar, de bröchten em to Dode, denn as he flüchten
müsst dunn wär he ganz alleen, un as he dor an den Boom hung mit
siene Haar, dunn löp ok noch · sien lette Fründ vun em weg, sien Muul=
esel nemlich; dorup kemen siene Fiende un matten em dod (II Sam. 18,
9). Een unrechtlich nahmen Königriek, kann sülbst een Absalon nich fast=
holen; wenn he dat ok all hett, dat nimmt blot man een poor lange Hoor
un eenen krusen Telken, de hölt em, un Alles is furt.

So löppt männig Minsch in de Welt, de meent, he will sick Geld un
Good verdeenen, un erwarben; un he hett jo eenige „schöne Hoor"? ne, ·he
meent: schöne Angewohnheiten; he kriggt ok dat Geld un Good villicht,
aber bald kann he dat nich mehr holen, denn de schönen Angewohnheiten,
so sinnt he ut, sünt häßliche Sündenstricke, un de holt em, un sien
Muulesel, sien Geld, up dat he reeden deiht, löppt em ok dorvun, as dat
Absalon sien maakte. Fründ! nimm Jesus, as dien Erlöser, un as dien
Föhrer an, de steiht di bi, un verlett di nich, in goden un bösen Tagen.
Hol fast diene Gaben, de du hast, hol fast diene Spröke, hol fast dien

Bäden, dien Bibel, bet de Herr Jesus kümmt un givt di de ewige Seligkeit.

I Samuelts 2, 9.

Hier redet unse lewe Gob dörch de ole Hanna, Samuel sien Moder, vun Hillige un vun Godlose, un anner Lüde kennt he nich, wat de meisten Minschen sehr opfallen deiht. Aber süh mien lewe Fründ, dat is nu een vör allemal bestimmt utbrückt in Sien Word an uns, dat He keene anner Minschen kennt, as Hillige un Godlose, Gode un Böse, Gades= kinner un Düwelskinner, Gehorsame un Ungehorsame. So stellt He uns of vör, Himmel un Höll, Seligkeit un Verdammniß, ewige Freud un ewige Pien, Singen un Lovprisen im Himmel, un Hulen un Tähnetlap= pern in de Hölle. Dat passet nu de Lüde dörchut nich, de dor rundweg sick nich to de Hilligen holen dürft, dat se mit eenmal so naket un apenbor dorstaht, (denn wenn se dat Eene nich hebbet oder sünt, denn hebbt se oder sünt dat Annere) as "Godlose". Denn löppt jüm dat Gräsen öwer, wiel se an de grulichen Schandbathen vun veele Minschen denket, dat se dor= mang rekent ward. Dorüm wüllt se of straks Nicks vun God un Reli= gion wäten, denn se holt sick vör good genog, un reek genog, ahn God fahrig to warn, un so verlatet se God un verlatet sick op eeren Rikdom, Verstand u. s. w.

Nu Leser, frag ick di, woto rätenest du di? Hanna möt hier seggen, dat de Godlosen in Finsterniß to nichte ward, d. i. ümkamen schüllt, denn dat is of gewiß. Wenn se hier of bi hellen Dage umherlopet unner Gades Sünnschiem, so sünt se doch im Düstern, denn blot de Framen, de God leev hebbet, sünt in't Licht, in't Helle, wo Jesus de Sünn, de Brennpunkt is. Denn — segget Hanna — veel Vermögen helpet doch Niemand! So kumm nu, Leser, wenn du of bettoher in düsse Finsterniß wesen büst, kumm herut und gah nah dat Licht as du dat in dat Evangelium finden deihst, as dat in dienen Heiland is, de of di erlösen will. Wat? büst noch nich entschlaten? sühst to veel mang de Lüde de du kennst, un vun de du weest dat se sick to eeren God holt, de nich ganz nah dienen Geschmack, nah dienen Christen=Tollstock, hillig sünt. Hest an den Eenen nich eenen Dreck= placken sehn? Hett de Anner noch tämlich veel Aehnlichkeit mit di, vun de anner Sied? Hebbt se Alle, man dat Teken vun Armuth an sick? Ah, mien Fründ, wenn düt dien Ogen sünt up de du di verlaten deihst, denn war ick hüt dien Prophet un segg di: dat du nümmer selig warst, denn du vermittst di gor, een Hergod sülbst to sin, un verurdeelst Gades schwache Kinner. Du? du wullt di unnerstahn unsen Herrgod siene Lütten, de noch de Melk krieget (1 Cor. 3, 2 u. 3; Ebräer 5, 11 u. 12) un dat wi gor noch an de Apostel un Jünger seht, de bi den Herrn Jesus

sünt (Joh. 16, 12) verurdeelen? Nimm di in Acht, uns Herrgod hett
furchterliche Gedanken över solche Sünner, as du dat in Marci 9
. 42 lesen kannst. Föhl man an dienen Hals, is di meist as schüll de
Möhlsteen sick rümmleggen, un ji Beide, Möhlsteen un du, fleget een Enne
derch die Luft un dal in dat Meer vun de Vergätlichkeit. An de dentt
God nümmermehr, abers nu is Sien Oge noch up di richt (Psalm 66, 7),
un will he ok diene Föte noch up den richtigen Weg bringen (Joh. 14, 6).

Psalm 73, 16, 17.

Vör den Barg, hebbt all Veele stahn un künnen nich över em kamen.
Dat is wunnerlich, seggt een Minsch, de giern dat Rechte sinnen un dohn
mügget: dor sünt Lüde, de holt sick recht, sünt fram un jümmer arm, un't
langt nich Achter un nich Vör.

„Et langt nich Achter un nich Vör,
   De Wulff steiht jümmer vör eer Dör;
Künnt sick nich dreih'n un nich wen'n,
   Nich rrcken wüllt de beiden En'n.

Dor dachte ick denn em nah, dat ick dat begriepen mögt aber 't ward
mi to schwer, worüm?

„Doch sünt, de schimpet un schandeert,
   Of veel de flöket, veel de schwört,
Leg't unbedreg't an holt teen Wort,
   Un d' Hungerwulff, de sinnt keen Port."

Ja Minsch, dat is wohr, wenn du vör den Barg stahn bliwst, denn
kannst mit dienen Verstand good un giern en hunnert Johr stahn bliben
un büst jümmer up datsülve Flag; abers de Text, de segg't jo mehr, wo=
rüm lesest nich wieder un deihst dornah, denn schast bald klor sehn. Schast
in Gades Hilligdöm gahn, dat meent in de Kark, in de Bibel lesen, un
God's Word hören in de Predigt, süh! dor ward di dat klor, dat du to
Jesus gehn mötst un Em dien Noth klagen. He maakt dat Hart säker.
Süh, dor lernst du aftöben, un warst dat Enne vun de Godlosen gewohr,
un denn begrippst du dat, woürm God se so lang gahn lett. Sien Dag
is een dusend Johr lang un he kann wull een poor lütte Minuten toben,
denn länger wohrt jo nah Godes Klock, dat Minscheuleben nich. Somit
ward den armen Sünner noch Gelegenheit geben, sick to bätern, ümto=
kehren vun sinen bösen Weg un wedder to God kamen. Lernst dat abers
ok kennen, dat nah desülbige Klock, du un Annere gor teen Tied mehr
hebbet, üm Jesu sienen Rath to folgen Matth. 11, v. 28 u. 29, un lehrst
verstahn; dat du nich weest, wenn diene Sekunden nah dinen Herrgod sien

Klock, aflogen sünt un du furt mötst. Lernst aber vör allen Dingen in=
sehn, dat „Hüt“ de gegenste Tied is, di up Gnade un Ungnade dienen
Jesus to ergeben (Psalm 95, 7; Ebr. 3, 7). Leser! wenn du noch nich
in dat Hilligdom ingahn büst, wullt du 't nu dohn? Gah, dat is de cen=
zige Weg. Gades Wege to begriepen.

Römer 11, v. 32.

Hierin is eene annere Upklärung üm Gades Wege to begriepen. Js
dor irgendwo een Deev to Besinnung kamen in't Gefängniß un hett sick
bekehrt, so wieset glick Lüde mit de Finger up em un wüllt em as Hüchler
un Schienhilligen dorstellen; un wat sünt düsse Lüde sülbst, bi Licht be=
sehen? Schienhillige Lögener, denn se hebbt sülbst keenen God, keene
Jdee vun Globen, abers een ganzen Barg Overgloben. So geiht dat
hier un dor, wiel de Minschheit sick de Sünde in allerlei Grade indeelt
hebbt, grad as se Minschen in Klassen deelet. So gibt dat bi jüm ganze·
lütte, witte Lögen, lütt dito, grötere dito, lütte schwarte Lögen rc. rc. bet
tom Dodschlag, Sülbstmord u. s. f. Geiht doch dat minschliche Gesetz dor=
na, so meent se dat uns Herrgod of Ünnerscheed maket. Knippt düsse
Richter een Oge to, so schall of uns Herrgod datsülwe dohn. Nu wunnert
se sick dorüm noch mehr, wenn mal een schlichte Minsch de all gor as een
Utschott vun de Minschheit güll, selig starben kann, wiel he vun Jesus an=
nahmen würd, as he to Em güng; grad as de Schächer an dat Krütze
an'n Stillfredag=Morn in Jerusalem in'n Johr 33. Nu hett abers uns
Herrgod dat All beschlaten ümmer denn Ungloben; Woto denn! fragst du
so? Dormit dat alle Sünder, de nich glöben doht, of nich selig
warn künnt, eenerlei wat vör Lüde se up Eerden wären. De Kaiser,
de nich glövet, de Prester, de nich glövet, de Stratenfeger,
de nich glövet — dat Jesus is de Christ un dat blot dörch Em wi selig
warn künnt, dörch dat wat He dahn hett, nich wat wi dahn hebbt, doht,
oder dohn wüllt! — de geiht in de „Höll“! De Lögner, de Mörder, de
Flöker un alle Annere, vun den Bettler bet tom Kaiser, wenn se eere bösen
Wege lat, un glövet an Jesus, un lebet as He se hebben will, de ward
selig, rein wuschen as se sünt in Jesus Blod, so schüllt se schneewitt
warn un ewig mit Jesus sin — denn Alles is beschlaten ünner den Un=
globen!

Lucä 10, 1—7.

Düssen Marschbefehl vör de lütte Armee vun 70, gegen de veele hun=
nertdusend Fiende vun Gades Word to trecken, is eene grote Nothwendig=
keit vör de Predigers, oft to betrachten, un, nahdem se dat düdlich, Punkt
vör Punkt, studert hebbt, sick sülbst (abers nich dörch eene düstere Brill

vun Sülbstgefälligkeit) to betrachten, un dat mit klore Ogen. Schient mi, se
gaht tämlich wiet ümmweg, un dorüm is dat ok wull, dat hüde so veele vun de
Art, gegen de de Herr Jesus worschuget in Matth. 7, v. 15 to finden fünt.
Hier nennt he se de Lämmer. de 70, un schicket se ünner de Wülfe — dorna
hebbt hüde abers Eenige, een Lammsell över eeren Wulfspelz tagen. Lat uns
eenmal de Utrüftung betrachten; süh wenn Lüde süs np Reifen gaht, dor fünt
se sich bedächtig, dormit se nich Noth liedet. Uns Herr Jesus schickt siene
Lämmer anners ut, denn mehr har he sülbst nich, un, de Jünger is nich
över sien Meister (Matth. 10, 24. Seht wi hüt abers eenen Prester ut-
rüsten dor möt wi uns schier verfiern. Träget keenen Sack. Let sick doch
gor veel dorin verpacken, wat beschwarlich nn unnütt is; ok schüllt se, meent
dat, keenen Sack vull „nnnütte Angewohnheiten" hebben ('t givt Welt, de möt
allerlei scharpe Gedränke bi sick drägen, vör allerlei „möglichst" vörkamende
Fälle, gegen Lievschnieden, Ahnmachten, Verfreren, Oeverhitten nn een
Dutzend anner mehr. De Lüde, segg ick, schickt sick sülbst, hebbt keenen
Vader in'n Himmel de jüm bewohret, un mark, vun alle Möglichkeiten will
Nicks indrapen, abers de Buddels fünt doch lerrig!—?—) Grote Büdels
mit Stinkkrunt tom dörchröfern gegen ansteckende Krankheiten? — Ju de
Kark ward so bi uns nich röfert — künn ok wull keen anstännig Minsch
utholen. Doch welke Lüde gewöhnt sick wull all bitieds, damit dat nahsten
an eenen „annern Ort" jüm dat nich so, överfallen, deiht; „noch Tasche"
— dat künnt wi wull vör Reisegeld nehmen; noch Schoe — de würden dor
in dat warme Land nich brucket. Süh dat is doch eene geringe Utstür, doch
genog, rieklich genog mit den Herrn sienen Segen. Een Wagenladung vull
Ballast un keenen Segen vun Jesus is eene trurige Utstür. Bi alle Gering-
igkeit schüllt se abers sick Nicks vergeben, se schüllt den Kopp upgericht dragen;
— un gröted Nemand up de Straten! Dat süht bannig stolt un upgeblafen
nt, segat de Leser villicht? Ja, wenn du dat so nimmst: Hett Nicks! — is
dorüm Nicks! — un is gor barfoot dorüm kann he Nicks! — un denn, — ok
nich gröten? Aber süh hier, dat versteihst du nich, lese Psalm 50, 18, solche
un alle anner Lüde, Godlose, lopet up de Straten herümmer un de schüllt nich
grötet warn, denn wenn man se so achtet, ward se jümmer arger in eer god-
los Wesen. Wenn dn eenen Unglöbigen grötest un de kennt di as eenen
Glöbigen, denn achtest du sienen Ungloben säker.

   Nä, seggst du wull, so meen ick nich, ick meen, wi schüllt doch nich gegen
Annersdenkende „unhöflich" wäsen? Dor liggt just de Weltknüppel, de
Kainsknüppel. Abel sien Root steeg hoch in de Höcht, piel grade up, un
bögete sick nich erst ünnerweges dahl to Herr Kain siene „Stinkkrüder", dorüm
grötet Nümms! Dat maket den Kain so vergrätzt, da he den Abel sien Liev
dahlschlog (Matth. 10, v. 28) de Seel, den echten Abel den künn he nich an-
tasten, de steeg mit sien Hartensopfer in den Himmel. Hest nu verstahn, wat

dat meent: Gröte Nümms up de Straten? Hebbt Nicks mit de Sünders
gemeen. Du wullt aber ok dienen Schnack ut hebben, nich wohr, dun wegen
de Unhöflichkeit? Ick will di helpen dorbi. Du meenst so: wi schüllt jümmer
höflich wäsen, sülbst to de Weltlichen, to de Godlosen. Dat is gradeto eenen
„dummen Schnack“, dat würd grade so düsig in't Nick Gades wäsen, as dat
dösig sin würd, wenn in een Königriek de Polizei achter den Mörder herlopen
müßte un sienen Hot dorbi afnehmen un jümmer ropen: Ach, mien leve Herr
Mörder, stah doch mal eenen Ogenblick still, ik will di blot een poor Hand=
manschetten anleggen, un derglieken mehr. Müggst du in so eenen Nick
wahnen? Ick nich, un God si gedankt, sien Word dat grippt an un schnitt
sehr scharp un bringt de Sünders tom Nachdenken. Gah mi weg mit diene
„Höflichkeit“ dormit kreeg de ole Lögenvader, (Höflichkeiten sünt Lögen), Eva
ok herüm, dat se gegen Gades Gebot deh.

Wi sünt Gades Gesandte, wi hebbt Verbindung mit God in'n Himmel,
wo künnt wi ok anners fast bliben as in Waken un Bäden, un in düsse Hin=
sicht hebbt wi keene Tied över, to unnütte Gröte, unse Gedanken schüllt, as
unse Wandel, Philipper 3, 20, in'n Himmel wäsen. As de Lämmer, seggt
de Herr, wo künnt de Lämmer wull de Wülsse gröten? De künnt nümmer
harmoneeren. Dorüm is uns Christenheit so schwack, dor is to veel Mauk=
mos, to veel Weltlichkeit in de Kark un Nicks vun Religion, in de Welt. Lat
uns wiesen, wat wi sünt un wat wi hebbt. Abers de Hang nah Nick=
dom, Wulleben, is, as een Krefschaden, in de Christenheit infreten. God gitt
keenem Deener genog tom Uppwand maaken, as dat hüt Mode is; dor üm
schnutt he mit eem Og in de Welt fründlich rin: mit een Hand langt se nah
de Welt eeren Dahler; un mit een Hand wüllt se den Himmel ok noch an sick
rieten! — doch, dorto hört annere Lüde, keene „Halwe“. Mit een Foot wüllt
se jümmer „himmelan“ gahn, un mit dem annern Foot wüllt se mit „danzen,
mit Jagen, mit Kegeln“ u. s. w. Dat wiern „arme“ abers „ganze“ Lüde,
de de Herr utschicket. Ick heb it fröher öfter hört, dat Oellern över eere
Söhns spröken, de „stärkste“ schüll den Vader sien Geschäft hebben, de anner,
de „schlanke“, müßt de König as Soldat hebben; een anner, schüll an't Ge=
richt, an de Regerung; un de lütte, schwache, nich lebendig, nich dode, de
schüll „Prester“ warn (ahn sien Willen, fröilich): dorto, oder tom „Schnieder“
wär he blot noch to bruken. Dat Letzte, Schnieder, dat wär doch wiet ünner
eeren Stand. Sühst du, vör unsen Herrgod is Eeniges good genog, nah eere
Ansicht. Doch God si gedankt, he kann sick Deener ut de Steen upwecken,
wenn he will, un he deiht sick sülbst, aanze Lüde, in den Wienbarg warben.
Lat uns nu eenmal den 7. Vers ansehn. De Prediger schall dor, wo he up=
nahm ward, äten un drinken, wat he hebbt! Ja, ja, wo sünt de Art
bleben? De Missionars sünt noch wull so, aber de an de Gemeenden arbeidet,
de künnt jümmer nich genog finnen, se sünt nich tofreden mit dat wat de Lüde

geben künnt. Ji schüllt nich vun een Huus to dat annere gahn! — ach wo
fix sünt se an't Inpacken, mit all de Büdels un Taschen, Kisten un Kasten,
wenn s'een paar hunnert Dahler mehr kriegen künnt.

De 70 sünt vull Fröhlichkeit trügg kamen, se hebbt Grotes utrichten
künnt, denn se güngen as Jesus se schicket, se deden wat He jüm segget har,
un borum, wiel se tru wären (1 Cor. 4, 2) harrn se de nödige Kraft un
den starken Globen, un den groten Erfolg, v. 19. As de Herr Jesus späder
mal de Jünger fragt: ob se jemals Noth läben harn, dunn säden se — Nä,
nemals nich! (Lucä 22, 35.)

I Corinther, 9, 14.

Hier stöt wi up eenen Punkt, de, wenn ick miene Erfohrung geben dörf,
wull sehr wenig verstahn ward. Veele meent, fortweg — schüllt sik vun
dat Evangelium nähren — heet: de dor predigt, schall dorvör betahlt warn,
so un so veel Gehalt hebben, nn so is dat denn dorhen kamen, dat de Prester-
stohl as een goden Platz sick to ernähren, ansehn ward, un, dat kunn jo nich
utblieben, dat so as dat Geld, so ward "prestert", gelt bi de Meisten. Un
namentlich in de groten Städe ward sick üm de armen Lüde nich kümmert,
Jeder will bi de Ricken Gemeenden Prester sin. Nu is dat denn bi de
Welt ok so een Biwort worn, dat dat "Prestern" een Geschäft is, as de
Schoster un Schnieders een bedriewet. De Achtung vör dat vun unsen
Heiland insett Amt, as he de Apostel un de 70 utschicket, is dörch den Geld-
düwel verdräben; falsche Utleggung kann blot Verdarben anrichten.

Ick meen dat kann doch gor nich anners büdet warn, as dat dor steiht:
Also hett ok de Herr befahlen (Lucä, 10, 7) seggt hier Paulus, na wat is dat
denn? Wo se in een Huus kamt, schüllt se eten un drinken wat dor is, d. h.
in een Huus, wo een Fredenskind in is; dor bün ick ok mit inverstahn, wenn
denn de Herren man dat etwa wulln wat de Lüde in eere Gemeende ok ätet,
so dat anners nich "sündiges" is — un ok drinket wat uns Herrgod gäben
hett, abers nichs "tom sündigen", "dat schall denn den Arbeider sien Lohn
wesen"; na, wo süht nu ut mit de untofreden Predigers, de jümmer mehr ver-
langt, eere Döpen blot vör "Dat un Dat" doht, so ok de Truungen u. s. f.

"Ji schüllt nich vun een Huus in't anner gahn" so steiht dat dor wieder,
worup Paulus sick beröppt; ja, wo is dat denn in Eenklang to bringen mit de
fortwährende Wesselie, jümmer dat Rönnen nah "groten Gehalt"; grote Neben-
verdienste; un denn de Frechheit, blinkerblank in de religiöse Zeitung to setten:
de Herr hett mi dorher beropen! Uns Herrgod möt sick veel gefallen laten,
schall ok noch "Ja" seggen to eeren eegenen Geschmack. — Nu seggt Paulus
erst de Wörd: Dat de, de dat Evangelium predigen, de schüllt sick vun dat
Evangelium nähren! — Wi wöllt dorvun afsehn, wo Mennigen dat gahn
würd mennigmal, wenn he dat upäten schüll wat he predigt. Wi holt, dat
dat Evangelium de frohe Booschaft vun de Gnade Gades is, dat wi arme

Sünder dörch Jesum Christum, unsen Erlöser, künnt selig warn. Bun
düsse Gnade (Gades kann ick mi of nähren, de hett mi noch jümmer ver-
sorgt, un ahn de kann ick Dag un Nach nich sin.

Wunnerliche Gedanken, wenn Lüde meent — Leser seh dat mal
ördentlich an — toerst schall in düssen Spröke dat so heeten: Evangelium—
„Gades Gnade", un denn: Evangelium — „2000 Dahler Gehalt".

As Paulas segget: dat.wi (vers 16) uns nich röhmen schüllt, dat wi
dat Evangelium predigt, denn wi möt dat dahn. Un weh mi, wenn ick
dat Evangelium nich predige. Vers 18. Wat is nu mien Lohn? Nemlich,
dat ick dörf predigen dat Evangelium — dat is Lohn good genog in sick
sülbst — un do datsülbige fri, ümsünst u. s. w. Lat uns, leve Leser, of
noch een bäten inkieken in den letzten Vers (27). Paulus seggt: Ick be
döwe mienen Liev, un täm em. — Dat meent, wenn he of Allerlei sick in
sien jungen Johren angewohnet har, un allerlei unnütte Dinge geern
mügt, so unbännig of sien Magen, sien Tung, sien Ogen, sien Händ un
sien Been, of siene Ohren, dorna verlanget, so hölt he se doch in'n Tögel,
un deiht jüm nich to Willen, wat se wüllt — dormit ick nich Anne-
ren predige un sülbst verwarflich werd. Ah miene Frünn, dat
paßt de meisten Lüde nich. Hebbt jümmer den Paulus in den Mund,
schall dütt seggt hebben, dat dohn hebben — Paulus achter, Paulus vör,
un bitterwenig dat reine Evangelium as he dat predigte und of leven deh;
grad as so een annere Art, jümmer up de 1000 Johre luert, un up jümm
Speculatschon doröber, rümmer riedet, abers vun Jesus in de Evangelien,
Wenig bringet, wiel dat jüm nich stimmt, tohopen. Hebbt's aber een
Word halfwegs, neeg genog, to eer Speculatschon, ut Jesus sienen Mund,
denn geiht't los. Aber hier, wo Paulus seggt wat he deiht un wo he
Nicks üm sien Fleesch givt, wat dat will, dor röget se Paulus
nich an, denn dat meent ja, se schüllt dat of dohn. Nä, seggt de Schmö-
ter, wenn em dat of bannig schancerlich, dat sien Jungens nah de Sün-
dagschool henschmöket un he siene Confirmanden schmöken süht, un de
Buur un Handwarksmann mit den Stinkstengel in't wedderlich, ver-
schabene Muul, bi em, in de vun Tabacksqualm stinkende Studeerstuuv
kümmt; nä! dat is een unschüllig Vergnögen (wat ne grave Löge dat is,
wo ligget de Unschuld? liggt se in den schmökenden Arbeider de so veel
Tied verhunzt un doch de vull Tied, betahlt hebben will? — dat is man
een Deel vun Dusen, de ick di seggen kann). Ja, bömt sick de stolze
Parrer up, „dat is ja ganz wat anners". Hörst em Leser? de will bi
Jesus in de School west hebben un (Matth. 11, v. 29) lehrt sin; (düs
Spröke un de vun Paulus över denn wi nu spräket, hört genau tohopen)
de will dat of wull gor to Gods Ehr dohn könen, will he? (Corinther 10,
31). Segg Fründ, de du villich sülbst düsse övele Unbugend hest, lat di,

wenn dien Fru lange krank is, ganz nervenschwack, un dem Dode neeg, so
eenen dörchröferten Paster halen, de kann eer in de Krankenstuuv wunner-
schön erquicken, se ward vun den Aroma ut Rock un anner Kleedung, un
Hoor, veel Stärkung kriegen in eeren nervenlosen Tostand, üm genau up
dat to achten, wat he to seggen hett, wenn he so lang den Glimmstengel
wegleggen kann? meenst du so? O lat uns, de wi dat „Geräthe des
Herrn" dräget, reine Hände, reine Lippen hebben (Jes. 52, 11). Ge-
nog vun düsse Art, de dat Geld, wat de Armen gehört, in de Luft paffen,
un de Tied mit Nicks henbringen, as mit Späleri un dumm Tüg. De
Hände, de de Piep holt, künnt un wüllt nicks anners dohn. Wat schüllt
wi nu noch hier vun de seggen, de eeren Schnapps, Wien un Beermagen
nich tögeln künnt, noch wüllt. Wat segget Paulus I Cor. 10 v. 21: Ji
künnt nich toglief des Herrn Kelch un den Düwel sien Kelch drinken. —
Nahsten seggt he of (I Cor. 6, v. 10): Drunkenbolde ward dat Riek
Gades nich ererben. Düsse ward abers nich dörch de Luft so, nä se
drinkt, un de dat deiht, hört to jüm — ob sick of noch een in de Bost
schmitt un seggt: Jo dat is wat Anners — een Süper, nä dat bün ick
nich, na, denn warst noch een, as de Drunkenbold of nich so geboren is,
abers dörch Drinken een worn is, so is he dien Broder, un dormit is dat
ut. Leser, wo kann een Mann predigen wat Anner laten schüllt un he
lett dat sülbst nich? Dor is een stark Verbot vör den Prediger ganz dörch
de Bibel, namentlich in Jeremia 16, 8. Eene gode Nahspraak is bäter denn
eene gode Salv; dat is of bäter in een Truerhuus (Klagehuus) to gahn
denn in een Drinkhuus (Prediger 7, 2 un 3).

Matth. 21, 19.

De Fiegenboom is een Wark Gades, un streiht dor üm Fiegen to
drägen, dat is „Früchte to drägen", as he nu keene har, wenn Jesus welke
söfcte, so würd he „verflökte". So is jede Minsch, een Gadeswark, un
dor plantet, wo he Frucht bringen kann. So wäre de Minschen in
Jerusalem, jüst dorto dor; de Hohenprester, de Pharisäer, de Schriftge-
lehrten, de Hogen un överhaupt alle Minschen, aber süh, se harrn keene
Frucht. Dat segget Nicks, du Weltling, de du villich (dat wier so een
schieres blankes Wunner, frilich) düt lesen deihst, dat du so lang in de
Welt büst un de Herr Jesus hett noch nich up di hengesehn, he weet wat
he an di sinnen kann, dat glöv man, un dien utgeputzten un geschniegelten
Minschen, kümmert Em gornicks. Abers mark, dien Tied kümmt, dat heet,
de Herr Jesus hett eene Stunde bestimmt, denn kümmt he un süht bi di
to. Süh, de Fiegenboom hett of lang so stahn, un doch würd he toletzt
„verflökte". Dorüm lat di warnen, denn du büst nich tom rümfulenzen
in de Welt, üm blot dienen Kram, nahtogahn, nä du büst verantwortlich

vör dienen Platz in Godes Wienbarg, un wenn du blot dien Unkrut alleen
ut di utorieten heft. dohn, motst du dat doch. Nu kümmt dat frielich nich
dorup an, ob Düsse oder Jene siene Arbeid deiht oder nich, Gades End-
zweck, de Früchte, kriegt he doch, ob du oder ick dat dohst, oder, nahlat:
wenn nich de dorto beropenen (süh Matth. 3 v. 9), de dorto opgetagenen
Gelehrten, denn doht dat de lüttjen Kinner (Lucä 19, 40).

Matth. 8, 22.

Un Jesus sprack to em: Folg du mi, un lat de Doden eere Doden
begraben. — Dat schient doch wat unmöglich to sin, denkt de flüchtige
Leser, aber Jesus seggt keene „Unmöglichkeiten", versteihst du? süh lese
dat mal so: n n l a t d e (in Wollüsten lebenden) D o d e n (de vun God los
sünt, de sünt dod) e e r e D o d e n (mit de se Gemeenschaft harrn, mit de
se schwelgten, söpen, flokten, schwörten un godsläfterlich spälten u. f. f.)
b e g r a b e n.

Matth. 9, v. 12 u. 13.

Gaht aber hen, un lernt. Wo? in dat ole Testament (1 Sam. 15,
22) dat was all damals wat uns Herrgood vun de Minschen wull, un
dorüm is dat dördjut keene niege Lehr; abers Jesus keem üm de armen
Sünners, (de vun de Presters de Ogen verblendet würden, dat se jüm
blot to de sichtboren Opfer anhölen un nich de nothwendigen Dankesgaben
vun dat, wat de leve God as Segen geben hett) dat verständlich to maa-
ken un dat God, wiel he't so befohlen harr, up den gehorsamen Minschen
seeg: as wi dat jo ok in Ps. 50, v. 24 leset. Doch dat wulln se damals
nich wäten, de Juden, un hüt noch nich — nu hebbt se dat up de armen
Höhner afschn, de schüllt nu eere Sündenbück sin, an den Versöhnungs-
dag. God erbarm sick de armen blinden Lüde un of uns sonömed Chri-
sten, de of noch nich Dank opfert, un meent, eenen Pfennig in den Kling-
büdel — wenn 's — mal in de Kark kamt; oder een Köst verdröget un
verschimmelt Brod an eenen Bettler, deiht ok wull all. Süh, wenn di
drapen föhlst, du Leser, du un de Jude sünd beid op eenen Weg, abers nich
in'n Himmel, nä, den annern. Jesus röppt jug, kamt noch hüt.

Matth. 9, v. 16.

„Nemand flicket een oles Kleed mit eenen Lappen vun niegem Dook."
Dat ole Gesetzkleed mit all de Gadesdeenstlichen Inrichtungen, seggt hier
de Herr Jesus, is wegtoleggen, dat niege Dook tom niegen Kleede, is de
n i e g e B u n d (Jeremia 31 v: 31 beschreben. — Dat niege witte Kleed-
(Off. Joh. 3, 5) is de Gerechtigkeit in Jesus. Wunnerlich nich? vun
düt eenen Lappen to nehmen un op dat ole Kleed setten? Dat würd dat

ole jo mehr entwei rieten. — Nu givt dat leider ok sog. Christen, de maakt
dat jüst so: se hebbt eenen lütten Flicken vun de Gadeskinner eer Vör=
recht — se gaht tom Bispill alle Stillfridag mal to Kark un denn, nehmt
se dat hl. Abendmahl — de anner Tied hebbts to veel to dohn den Düwel
to deenen, de doch noch good genog is, jüm denn eenen Dag, Verlöf to
geben. Ick künn dusende Flicken wiesen, op den olen Adam, den olen
Sünner, in den Düwel sien, Liwree; ock bien villich dormaat, Leser? aber
if hev teen Tied mehr, nimm dien Bibel, wenn noch een hest; hal se mal
ut de Eck herut, wenn du se vör Stoff noch sinnen kannst un kennen deihst;
(Ick fróg mal in een Huus in New Jersey ob se eene Bibel harn: Ja
wull! un nah langem Söken kümmt se denn mit een Book, dat se kloppt
un afwischt mit de Schört und mi givt, un? — dat is een Frieschool Lese=
book), — lese flietig dorin un lern dor sülbst kennen, schast bald ok dienen
Heiland kennen lern.

———

Twe Armeen trecket nah den Platz, wo dat goode „letzte" — „jüngste
Gericht" afholen ward. De Weltkinner hebbt das Losungswort: „Do recht
un schug di vör Nümms!" — de Gadeskinner aber: Hier kümmt een
arme Sünder her, de geern vör 't Lösegeld (womit Jesus uns erlöset hett)
selig würd! Wo mascherst du, Leser?

I Cor. 14, 9.

So ji nich eene düdliche Rede gebet, wo kann man wäten, wat geredet
is? — Hier denk wi nu an all de armen blinnen Katholiken, de de Papst
an sien Gängelband lärrt mit sammt sien dusende vun Presters. Wüllt
vun jüm anneren 1001 öwerglövschen Kram afsehen, un blot jüm Messe
betrachten — dor rappelt un babbelt un blarrt se in eenen Singsang=Ton
as sun unbüdlich ole Posaune (vers 8) eeren latinschen Kram, (deelwies
verstaht se dat sülbst nich, worüpp dat ok nich anfümmt, wenn't blot dahn
ward un good Geld inbringt, dat de Presters mäst ward) dat teen Minsch
versteiht. Na predigen doht se ok man selten, un wenn, denn hödet se
sick bannig dat se solche Spröke ut 'n Weg gaht. To jüm kümmt dat
Word recht, wat de Herr Jesus to de Schriftgelehrten un Pharisäer
segget (Matth. 15, 3): Worüm övertredet ji Gades Gebot, üm ji g (nich
Gades) Upsätze willen? Doch wi künnt se lopen laten (Matth. 15, 14),
se loopt sick schier fast, de armen Lübe, wi künnt blot bäden, dat de Herr
eere Ogen eenmal upmaaket, un uns höben, dat wi nich ok in sünne leidige
„Sätze" herrinn rönnt, domit wi nich fallet. Jesus gah vöran, up de
Lebensbahn; Un wi wüllen nich verwielen, Di ganz trolich nah to ielen:
Föhr uns an de Hand, Bet in'nt Vaderland.

Lucä 16, 22.

„In Abrahams Schoot" — dat fünt nich de Juden, as se nu fünt, obgliek he sick dat inbillet — dat fünt de in 1 Mose 13, v. 16 un 15 v. 5, den Abraham verheetenen „Steruen=Saamen" also „selige Minschen". Annere gewöhnliche Minschenkinner, wenn't nödig wär, künn God den Abraham ut den Steen in den Jordan maaken, so seggt Johannis de Döper: Matth. 3 v. 9.

Micha 2, 11.

Dat damals dat Volk of nich ganz sauber wär, dat künnt wi hier tämlich klor sehen; abers dat is of wohr, veel mehr schient de Rede vun den Propheten, up de hüdige Minschheit, richt to sin. Denn richtige Ut=legger vun Gades Word willt de Lüde nich mehr hebben, (Jesaia 30, 9— 11) de Predigers de schüllt nah eere Piepen danzen, se schüllt jüm sacht un liesing wat Schönes vertellen, wonah jüm de Ohren jucken; schüllt jüm himmlischen Honig üm eere Lippen schmeeren, un se blot liese mit Han= schen, un dat ganz weeke, anfaaten. Dat dütt nu so veel meent as de Lüde wat vörlegen, dat versteihst du of wull, Leser? denn de Wohrheit de künnt se nich mehr verdrägen. Na, dat is denn jo grade wat de Düwel will, dat is jo sien Handwark, legen kann he, legen schall de Minsch. — Wenn ick een Errgeist wäre un een Lögenprediger — (dat geföllt jüm hüt of am Besten, denn se hebbt grugeliche Bange vör den Dode un wat dor= up kömmt; wenn's nu blot een Prester hebben, de jümmer sachten vör= lüggt, dat dat mit jüm keen Noth hett, un se of noch mitkaamt, da se jo ganz so good fünt as anner Minschen, denn fünt se tofreden. Lögen schüllt dat sin överall, verlagen fünt de Geschäfte; verlagen in de Familie; verlagen in't Gericht; verlagen in de Wissenschaft; verlagen in de Karf; verlagen in sick sülbst; so geiht dat op den Weltmarkt to. God erbarm sick över uns, wo schall't noch henut?) — un predigte, woans se supen und schwelgen schüllen, — dat wär een Prediger vör dütt Volk! — De is blind, stockblind, de dor meent dat dat hüte nich mehr to de Minschheit stimmt, un will uns inreden, dat is nah de 2600 Johr bäter worn.

1 Mose, 4, 16 un 17.

De grötsten Narren vun allen Narren fünt de Unglöbigen, de Sort, de sick geern de „Upgeklörten" nömt. Düsse Lüde eere grötste Prahleri is, dat se dat herutschnüffelt hebbet, dat de Bibel sick sülbst wedderspricht. Dütt Wort alleen is genog, uns to wiesen, wat se vör Geisteskinner fünt, denn, de Gott lev hebbet, de ward nich so dumm sin un eenen „God" dorvör holln, dat he sick överhaupt, wedderspräken kann, süs wärn se jo noch arger as de Chinesen, de eeren God, denn se sick ut Holt schneden hebbt,

dörchprügelt, wenn he jümm keenen Sünnschien givt, wenn se em wüllt, nu
umgekiehrt. Doch fort un good, vun Narren kann man eben Nicks as Nah=
seggeri verlangen, denn se sülbst hebbt Nicks in sick, un blarrt eenen annern
Apen nah. Düsse Art Lüde hebbt dat nu grulich hilde, wenn's mal so vör=
dwas kamt, mit eenen Geistlichen in't Gespräk to geraden. Ganz liesing
kleit uns Aap sick achter de Ohren, knippt een Oog to, (dat hett he vun sien
Frünn, de Affaten lernt), un fragt quanzwies: ob de Herr Paster dat All wohr
höllt, wat in de Bibel steiht? Wenn de good genog is, so eenen Narren to
antworden, (denn kennen deiht he jüm, as eenen slichen Sösling) — Ja! —
denn fahrt he herut mit Kain (vun Abel un de liebende Kark, willun kann, he
so Nicks wäten wülln, denn dor gehört he so nich to, blot to de Kains=Kinner)
wo de dorto köm, eene Fru in dat Land Nod to nehmen — dat bewieset jo
genog dat dor all anner Lüde wären un somit Adam un Eva nicht de eenzigen
ersten Minschen wesen künnen. Nu sett sick uns Aap in Position un denkt,
dat he den Paster säfer „pannekoken=breet" schlagen hett. Doch wi drövt uns
nich wunnern, hett doch eere Meister, de Düwel, dat bi unsen Herrn Jesum
versöket, (un de höl still) dat Gadesword to verdrehn, worüm süllen wi nich
of uns dat gefallen laten, un se anhören un nahsten se mit eere klor gelegte
Dummheit, nah Huus schicken. Fragt wi jümm; wo dat denn eegentlich
schreben steiht, dat Kain sick in Nod een Fru nahm, denn wät se 't of noch
nich mal, un stöt wi jüm mit eeren Gälschnabel mal in de Bibel, un lat se
lesen (dat heet wenn se künnt un dat — wagen doht) denn is dat eene Lust
antosehn, wo Kalf=ögig se denn utseht. Nu gävt sick welke hmit nich tofreden,
se wüllt of wäten, wo 't möglich wier, bi Huus rüm, eene to finnen. Denn
riet se wedder de Ogen up, wenn se hört dat as Seth born würd, Adam all
130 Johr old wär un dat wenn ungefähr jedes Johr in de letzten 100 Johr,
eegen, un Kinnes un Kinneskinner, born sünt, bi de Tied eene ansehnliche
Minschheit sick överall utbredet har, denn all in Adam sien Telt harn's keenen
Platz un schüll of jo nich so sin, denn God har jüm befahlen (1, v. 28),
fruchtbor to sin, un de Eerd to füllen. Römet sünt blot de twee
Söhne toerst, domit glief de Unnerscheed recht klor würd: Good un Bös; Ge=
horsam un Ungehorsam; de Kark un de Welt. Un blot de den Gadesdeenst
fasthölen, würden beschreben, un vun de Annern blot de, de mit jüm in Be=
röhrung keemen, de karklichen to unnerdrücken, as dat of hüde jo noch so geiht.
Nu is dat jo licht to verstahn, dat in hunnert Johr de Düsten wider weg
trocken sünt, de eere Kinner noch wider un so ward se unbekannt mit eenanner.
Ut düsse Rege Kinneskinner hett Kain sick sien Fru nahm. Doch wenn of so=
wiet överwunnen, de Art is taag, de dor an de Bibel twiefelt, un wüllt to
goderletzt noch wäten, wo Kain, wenn in Nod keen Lüde wohnet hebben, eene
Stadt bugen künn. Na, wenn düt dat Oewel is, wat di vun Globen höllt,
denn kannst dat licht hebben, kanust mal de välangeprieset "Cities„ in de West

besöken, dor findest du een or twee Hüser, eenen Beerfalon un grotes Schild
worup to lesen, woveel de Buplätz kost, dicht bi dat Rathhuus, fragst du, wo
dat steiht, se warn di een groten Platz bald feggen, „wo dat mal stahn schall",
nah dusend Johr, wenn överhaupt. Natürlich hett Kain folang tövet, bet
dor genog Kinner Hüser bruukten, un de hebbt dicht bei enanner buget, as
dat alle bösen Lüde maket, se fünt bang un överglövisch un möt jümmer veel
to Höpe wäsen. Se gaht nich as de Herrn Jesus fien Jünger as Lämmer
inner de Wülfe, nä se gaht jümmer as een Hüpen Wülfe achter een Lamm.
Owers, wenn de Israeliten in 110 Johr bun 70 Minschen alleen 600,000
Mannslüde de alle sechten künnen, würden, worüm schülln denn in 129 Johr
nich all över 1 Million Lüde dor west hebben? Un so künn Kain wull eene
Stadt bngen, oder nich? De Unglöbigen fünt abers dat nnvernünftig Beeh,
wenn du se ut dat Füür redden willst, denn loopt se erst recht herin.

Jesaia 40, 22.

„He" sit över den Eerdenrund, un de dorup wahnen, fünt as de Hei=
springers. — Bannig lütting maakt uns Herrgod di hier, nich wohr Leser?
Wer jümmer du wesen magst, un weerst du een Baron, een Graf, een Fürst,
een König und gor een Kaiser, or weerst een Beßenbinner, een Börger, een
Landmann, een Koopmann, een ut den Armenhuus oder een Millionär, büst
in uns Herrgod fien Ogen, de vun Baben dahlkiekt, een Heispringer, nich
mehr! Hest dien Hoot di glatt strigelt? hest een blaag=sieden Krawatt üm=
bunnen? hest dien nimodschen „Bonnet" mit eenen ganzen Himpel Feddern
drupp, nahm üm em spazieren to föhrn? — büst blot een Heispringer! Wat!
Ick? — Ja, du, jüst du, du Modennarr; jüst du, Mamsell, de du geern de
Fru Baronin ut di maken wullt, un up diene hogen Hacken, as de Adebor in
de Wisch herümstölten deihst, büst nicks mehr as een Heispringer."
  Dat is een wunnerschön Word, jüst passend, üm den Hochmothsdüwel
ut dat goblose Minschengeschlecht rut to driven, un „Em" intolaten, de de
Höchste in'n Himmel un up Eerden, Jesus, unsen Heiland, unsen Erlöser, de
dor segget: Kamt to Mi, lernt vnn Mi, Ick bün sanftmödig, un vun Harten
demödig (Matth. 11, 28 u. 29).

Jesaia 28, 11, 12.

  Dat is een fürchterlicher Tostand, de in dütt Kapittel beschreben ward.
König un Kaiser un hohe un annere Herrn, un Prefter un Wiver, un Hans
un Kunz, un Arm un Riek, un lütt Volks un Grote, all besapen, vull un=
ördentlich Wesen un Speen un Unflat överall. Woher is dat all kamen?
Dat segget uns Text düdlich; wiel de Prefters dat leeve Gadesword verdreiht
un de Lüde vörschnacket wat de Rieken geern hört un de Armen nich minner
good schmecket, nemlich: dat se man fine Rohe hevt wenn man Godes deiht,

un börch Werke de Seligkeit erwarbet, un dat de graven Süuden schüllt ünner=
bliwen.

Nümmer ward jüm Nicks verbaden; nümmer wieset, dat all wat se doht,
schüllt se so dohn, dat uns Herrgod dormit ehrt ward (1 Cor. 10, 31). Mit
sin moralischen (?) Schnickschnack sünt all veele Karken lerig maakt, denn
ganz richtig segget de Prophet in den 12. Vers: un wüllen doch solche Pre=
digt nich!

Wenn abers de Gadeskinner sick mit de Düwelskinner vermenget, denn
kann de trurige Tostand nich utbliven. Wenn uns Fründ Jesaias würd
eenmal in de „Christenheit" kieken, he würd sick schier verwunnern, wo schön
he den Nagel up den Kopp dräpen hett. De Presters, de dor bang sünt jüm
Karken, gleder, to vertörn, wenn se nich mit jüm, supet, wat inschenket is
(Jesaia 5, 11 un Habakuk 2, 15). Dorüm kümmt dat „Wehe" as dat jo of
in Spröke 23, 29, 30, schräben is.

Sunne bange Kierls schulln nümmer eene Kanzel betreden denn de sinnt
jümmer „dat Word" to scharp, un schnükert denn jümmer mang de Spröke
vun de Leeve un de Barmhartigkeit u. s. w. herümmer, un maakt dormit unsen
Herrgod tom Mitschüllligen, to dat arge Wesen. Wi bruket Lüde de dor
stramm staht as Noah, Abraham, Moses, de Propheten, de Apostel, Dr.
Luther un Annere. Gott si Lov un Dank, dat doch, of hüt noch, dat wohre
Evangelium predigt ward.

Jesaia 14, v. 16.

„Is dat de Mann?" — Dor magst wull fragen: Welker Mann? — nu
denn, stäke diene Näse bäter in dien Bibel un du schallst dat bald sinnen, denn
dat is keene Art, dat Godesword to lesen, dat man sick een Satz or een Wort,
or een Spröke nimmt un nu meenet, Alles to verstahn.

Süh, lese vörut un achternah, un dor sühst du dat de, de hier meenet is,
de har eene gewaltige Inbillung, so as de ole lütte Mann, Napoleon nömet
he sick, de mal in Moskau stünn un sick de Stadt vun'n Thorn anseeg, un nu
de Näse in de Höchte steek un meen: Bünn ick hierher kamen, kann ick wider
kam un gor, wenn dor blot ne Brügg wär, denn Maan un de Stern eenen
Besök maken un se mit an Frankriek bringen; ja, säd he, sülbst uns Herrgod
schüll noch ünner mi kamen, denn ick, seggt he, bün nu all de God hier up
Eerden. Dat wiert Enn vün düssen lütten Inbilluugspinsel, vun dor bet
St. Helena dröfft he sick nich mucken, un as he dod wier, dunn harn düsse
Wörde (Is dat de Mann, de sick Herrgod nömet?) wunnerschön passet.

Nu Fründ, wi bruukt nich so hoch to klattern, wi künnt dat wat dichter
bi hebben, as an de Königshüser. Segg, büst du ok up diene Art bannig
staatsch? Meenst dien Geldbüdel recht över Alles, of över Krankheit un

Dod? — Bald kümmt de Dag, denn liggst du dor, stiev un starr, un denn famt se, kiekt in dien schmall Hülsken, und segget: Is dat de Mann? de dor jümmer Alles mit Geld goodmaken wull un sick dorup verleet, — is dat All wat he utrichten kann? Ha, martst wat, Fründing? so geiht di dat. Büst up den verkiehrten Weg, sök di eenen annern, de heet „Jesus", de bringt di nah'n Himmel.

Büst villich noch een Frölen? wullt nicks vnn fram sin un de Karken wäten? wullt de „Welt" genecten? (as de nimodsche Schnickschnack dat utdrückt), wullt dien Föt up den Danzböhn lopen laten? wullt Theater sehn? wullt All mitmaaken wodörch de Dövel diene Seel in siene Höllensack triggt?

Höllst di „to good" seggst du, üm diene schöne Jugend in de Kark un mank de Bäbschwestern schimmeln to laaten? Dochter, bald hest de Schwindsucht an'n Hals un denn geiht in'n Galopp rinn in den Sarg un denn segget se: Is dat de Deern? de nich iu de Kark versuern wull? Nu is se eene Höllenbruut, denn dat segget de Vers achter den Text.

Mien Dochter, de du dütt lesen deihst, gah nah Jesus; de is nümmer up den Danzbohn; de is nümmer in'n Suuphuus; de is nümmer in'n Theater; de is bi de Framen, de du Bäbschwestern schellst; de is bi siene Bruut, de ganze Karke up Eerden, worin de wohren Glöbigen sünt.

Kumm, gah to Em. He maakt di hier all selig. Amen!

Jesaia 28, 17—18, u. 20.

Uns Herrgod seggt hier vörut, dat „dat Recht" schall de Richtschnoor sin, nich dat Unrecht, nicht dat Bedreegen, dat so dahn ward, wenn Jeder an dat Gesetz rümmflicket, un de groten Deev vör gruulich hollt, un de lütten Deev vör nich gefährlich. Dat Unrecht — een lütt Bäten to lögen as schadlos to hollen, schall nich miehr gellen, dat schall all nah dat „Recht" gahn, dat heet, dat All, de de Wohrheit nich glövet, richtet ward, as dat schreven steiht in 2 Thess. 2, v. 12, un Röm. 11, v. 32.

Uns Text seggt: Un de Gerechtigkeit tom Gewicht maaken. — Dat ward eene schöne Tied warn, denn hüde will Jedereen blot sien Gewicht gellen laaten. De Geldmann meent, sien Gewicht schall gellen, un de Arme gelt Nicks. De Beamte meent, sien Stellung föllt in't Gewicht, de Annern sünt Nicks. De Klooken meent, se hebbt de schweren Wiesheits Steen funnen, un de anner Lüde sünt dumm un to licht. Luter arme Schlucker, düsse Art, nä, hier steiht dat: de Gerechtigkeit — nich de Pharisäer eere; nich de Rieken eere; nich de Wart-Gerechtigkeit; — nä, nä, — Jesus Blot un Gerechtigkeit — de schall tom Gewicht maaket warn, un so is dat nu, möget sick de Lüde strüben oder nich, wat Gott seggt, dat blivt.

So ward de Hagel de falsche Toflucht wegdriewen; ach Frünn, de Hagel de föllt gor schwer un gor dicht; de Gadeswürd in de Predigten, in de Bibeln. Un noch mehr so nahsten, wenn dat Welt=Ende kümmt mit all siene Schrecken, denn ward de falschen Toflüchte weggereten, as dat Matth. 7, v. 22 u. f. f. to lesen; un denn söket se eene annere Toflucht um eenen annern „Schirm" un segget to de Barge: fallet över uns! un to de Högels: bedecket uns! as dat so lesen is in Lucä 23, 30 u. f. f. un in de Offenbarnng 6, v. 16,   Doch de Lüde wüllt jo nich hören, bet dat to laat is. Wull de Lüde, de uns Herrgod in Drövsaal föhret, dor lernt denn noch Menigeen as de Text of segget: Denn alleen de Anfechtung lehret up dat Word merken.   Fragst du; worüm denn dor? ah, lese denn 20sten Vers; will dat Bett so eng is un Nicks övrig — dien Geld hett dor keen Platz, dien Göder nich, dien Veeh nich; dien ganze Klappertram blivt Buten vör — of dien Stolz; dien Inbillung; dien Klotheit; dien Trutz; all blivt Buten, du Minsch; un dien Däke is so kort, dat du die tohop trümpeln mötst — ah, mien Fründ, dat is gruulich, nich wohr? Dor warst gewohr, dat de Däke vun diene „ingebillete Goodheit", to kort is, de Sünden vör God blivet naakt; dien Däke vun „gode Warke" recket nich över all de Armen över all de Lazarusse, de du hest vör diene Döre liggen, laaten; diene Däke vun Karken=Togehörigkeit, is to kort, se recket nich över diene „olen Adam".

Süh, du büst jo nich vun Niegen geboren as du schüllst (Joh. 3, 3). Kumm, kumm, wiel du leben deihst, ward anners, gah nah Jesus! de seggt di, wat du dohn schallst.   Mark up düt Word, hörst du? ——

Lucä 9, 62.

Wenn een Buur Lüde hett oder gor sülbst de Mann is, de Morgens fien ntteht mit eern Plog, anspannt un den Plogsteert anfaat, un denn loslaat, üm sik dörch den Dag to kieken, to schmöken, to vespern, u. s. w. denn werd dat schlimm üm den Buurhof utsehn un bald treckt de „Herr vun Bankerott" Allens an sik un de arme Familie kann schnurren gahn. Uns Herr Jesus hett een grotes Ackerfeld un brukt gor mennig Plögers üm dat Land to bearbeiden, un dat Land is wiet weg vun Schönheit, vun Maschboden; 't hett gor veele harde Steen, is gor klutig, is flögenwiese vull, vun Dornen, un deelwiese övervokert mit Disteln, hett grote Sand= flöge, dor is dat so drög, dat all wat an Fuchtigkeit henkümmt, gliek ver= schluckt ward, as wär dat up eenen heeten Steen gaten. Dor sind sik veel ole Stumpen uttoraden; veel Wörtel uttograben; Dreckpümpel drögto= leggen; Morast uttodieken; Waterloop to verännern, u. f. f. Hin un her, hier un dor, hett uns Herrgod jümmer noch siene Lüde anworben, upstellt

üm fiene Felder to bebugen, abers dor fünt gar Veele, de fünt as uns
Text dat fett: Lüde, de de Hand an den Plog legget un denn trügg feht.
Hat uns cenen herutrieten ut den Hümpel un em bekieken, dat wi kloot
ward, to ünnerfcheeden un to verftahn wat de Trüggkiekers eegent-
lich fünt.

Een jung Minfch, mit goode Kenntniffe, good Gefchäft, ward eenes
Dages vun den Geift Gades packet, fühlt fiene Schuld gegen God un
Minfchen, füht de Folgen, dat ewige Verdarben, un kümmt to dat helle
Licht, as dat is in Jefus Chriftus. Nu hett he een grot Verlangen fienen
Fründ, fienen Erlöfer to deenen, un dat is dat jo grade, worüm he worben
is. So geiht he denn ut, legget de Hand an den Plog — ward utbildt
tom Prediger un fangt fien Amt? — an! — nä, he fangt fien Gefchäft!
— an, un wo mehr, Geld, dor is uns Mann to finnen! — Erfolg? keen
Seelen reert, un up den beften Weg fien eegen, to verleeren, — een
Anner legget de Hand an den Plog un kiekt dorupp, vör em, is de grote
Arbeid, Entbehrung oft, Knapphannes fien Huusholder, füht he vörut;
Arbeid — Plögen — Plögen; uu — dor achter torügg, is Geld to maken,
oder bequemes Leben, ole Fründfchaft, de Een un All bös fünt — abers
em doch wedder upnehmet. Vörut fteiht de Düwel un hett fien Säck mit
Köffaat parat ftahn, dat wenn he plöget hett, de Düwel Köfen feiht. —
Achterut, dor füht he veel Luftborkeit; vörut fchall he de harten Kluten
danzen maaken. Trüggwarts fünt de Veelen, all rund un roth; vör em
grient em harde Dornen an, de harden Sünners; — dor, lacht de blöhende
Dieftel, de fcharpe fteckende Spötters.

Dat füht all fo grot ut, he kiekt de lütte Plog an, de he in fien Hand
höllt, „de Bibel", mit de he fchall de groten Wedderlichkeiten ünnerplögen,
he kiekt torügg un befinnt fick. Jefus röppt: arbeid, denn de Nacht
kümmt, un ji künnt denn nümmermehr arbeiden! Helpt abers all nicks.
he let los, un kehrt üm to de Welt. All nich gefchickt to dat Gadesriek.

Galater 6, 7.

„Erret nich, denn God let fick nich fpotten." Dat is ganz gewiß, dat
all Mennigeen vun de Spetters, de hier un dor mal dat Word hören
müfften vun eenen, de eer Gedrive nich mit anfehen künn, feggt hett: O,
ick heff all jümmer dat fo dreven un füh, hier bün ick. Ja, Minfchenkind,
dat wät wi, denn fo fteiht dat ok vun di fchräben (Jefaia 65, 20).

Uns leewe Herrgod de kann dat nog anfehen, he hett jo de grote
Ewigkeit vör fick, un du Wörm heft man een paar Dage to leben. Süh,
wat würd fick een Minfch wull dorut maaken, wenn he de Sprake vun de
lüttjen Infekten, tom Bifpill de Ameifen, verftahn künn, wenn he de to

sienen Jöten arbeiden seeg un hört jüm denn, as se spotten över den Min=
schen; höchstens dröber lachen, nich?

Nu denn, wat ward uns Herrgod, de di erschaffen hett, di, de du nich
mal een Ameisen=Been maken kannst, erst lachen över dien Spotten; süh,
mien Spotter, of hieröber hett God in sien Word vun di schräben: Spröke
1, v. 24—32 (de Vers 26 is de vun di redet).

Dor ward „Sien" Tied kamen, nich dien, mien Spötter, arme Min=
sche, un denn warst hierhenschicken nah den Framen un dorhen nah de
Bib=Bröders un =Schwestern — wenn't Geld all is, un du dor liggest nn
kamnst nich starben un hest of Nicks to leben; nah Lüde, de du hüde vör
dumm hollst, vör narrsch, vör splienig, vör verrückt; un se of gor mit düsse
levlichen Namen, benömest.

Süh, dat is de Tied, nich dien, nä dien Herrgod siene; dat sünt de
Dage, vun de he dir all lang reddet hett in sien Word (Prediger 12, 1),
vun de du seggest, se gefallen mi nich. Doch denn ward „He" lachen, du
liest diene Dage hatt, un de hebbt „Em" nich't gefallen. Süh, du Spötter,
denn schast du schnurren gahn bi de, de du nu dat armselig Pack nömest,
grad as de siev dömlichen Deerns deden, vun de du lesen kannst Matth.
25, 1—13: se wullen as dat los güng, Oel vör eere Lamp schnurren —
denn warst du iim, Baden vör di schnurren; üm sun Baten „Framigkeit"
vun uns, üm sun Baten „Hilligkeit" vun de „Muckers", üm sun Baten
„Reinheit" vun de „Övergeschnappten", üm sun Baten köstlichen Gades=
freden vun de „Jämmerlichen", nu lern un hör to: de siev Deerns kömen
to laat! Nimm di in Acht, dat du nich of „to laat" kümmst Leser? wenn
du noch to de Godlosen (vun God los sin) gehören deihst, to de Spötters
also, err di nich, God lett sick nich spotten.

So steiht dor nahher noch schräben: „Wat de Minsch seiht, dat ward
he ahrn." Süh denn, du seihest Spott, glövst dn denn, du dumme
Tüffel, dat du de Seligkeit ahrn wardst? nä, blot Spott, as God di all
seggt hett (Pred. 1, 26.)

Hest wull nümmer nich hört, dat de fule Buur, de „Fuulheit" seiht,
Weeten in de Ahrn har? Oder? Nicks as „wilden Semp" un „sanften
Hinnerk" und hier un dor Distel un Brummeldornen. Seihst du di süllst
mang de Spötters, an den dicken Fulenzer sienen stinkigen Suupdisch, un
süppst de verfuulten Garsten=Jücht, mit annere brune, bitter un stinke
Jucht vermischet, meenst du denn di wedder to sinnen an den groten
Ahrndag, to de Rechte vun den Welt=Richter, mauk de Schaape, de reinge=
wuschenen, de sick reinholen hebbt hier up Erden?

So dumm har ick di nich holen! Is di dat hier to unheemlich mant
de Singers un Baders in de Kark; is di de Karkenluft nah diene Meen=

ung nich gesund, — denn hest du in'n Himmel of Nicks to söken —
würdst di jo grad utnehmen as de — nä, dat büst du jo sülbst Minsch),
oun di is nochmal schräben (Matth. 22, v. 11—13.

Süh de Karkenlust hett so wat himmlisches an sick. Du lachst? Dat
schall di suur warn an den jüngsten Dag; süh, de Herr Jesus seggt: Wo
twee oder dree in Sienen Namen versammelt sünt, dor is He mang jüm,
— sühst — jüst mang wat himmlisches — nu denn, wenn de Luft nich
good vor 1 Stunde is vör di, denn höllst du dat in'n Himmel keene ½
Stunde, nä, keen 5 Minuten ut; möst dorher Buten bliven un de Buten
bleben sünt, de Art is genau benömet in de Off. Joh. 22 v. 15.

Ah Minsch, wat du hier seihst, sühst du, dat wardst du dor ahrnen;
un as wi in Frühjohr all kennen künnt, wat up den Felde seiht is, so
künnt wi of hier up Eerden kennen, ob du Weeten (Matth. 3, 12) büst,
de kümmt in'n Himmel, oder Unkruut (dat ward verbrennet) büst (Matth.
13, 30). Düt gellt vun di, o Minsch, wo du di henseihst — wo abers
seihst du diene Kinner un Kinneskinner un dien Frünn un diene Nach=
bers? Nich wohr? dorhen wo du di henseihst! denn se kiekt jo nah di —
un vör de büst do of verantwortlich. Wat ward dien Ahrn sien? Err di
nich, wat du seihst, dat motst du of ahren! Amen!

Matth. 14, 30.

„He seeg abers eenen starken Wind.“ So geiht dat de Christen hüde
noch, se hebbt to veel ümhertokieken, wenn se up den Weg nah Jesus sünt.
Har Petrus sien Ogea fast up sienen Heiland richtet denn wär he nich in
dat Water plumpst, up dat he doch so frie lopen künn, nachdem he den
Wunsch utdrückt har, dorto opropen to warn. He wull dat of giern an=
ner Lüde vorut maken, un as he nu so fein over de vun Jesus spegelblank
gemaakte See lop, dunn würd he sick een Bäten ümherkieken, sun lütt
Bäten man, as dat anner Lüde licht of dohn (Matth. 23, 5) un dorbi wär
dat denn, dat he den starken Wind kamen seeg, un dunn würd em bang,
d. h. he verlür, wiel he blot Water ünner siene Föte har, dat Tovertruen,
un nu güng he ünner.

Ah, wo veele Christenminschen, de to eeren Heiland kamen sünt un
nu em nahfolget, föhlt sick to säker in düsse Welt, un meent, se künnt
Düt noch mit dohn, Dat noch mitnehmen, Jenes noch mit ansehn un ver=
gät, dat de Herr Jesus segget: „Waket un Bädet“ dat ji nich in Anfech=
tung fallet; dat seggt he to sien Jünger, also to de, de em nahfolget, un
somit is dat nödig, jümmer so lang wi hier up düsse Eerde gaht, liekut,
up Jesus to kieken.

Wat kümmert di, o Christ, wat be Weltminsch deiht? Mötst du, de du meenest, in Jesus dien All to hebben, di of noch de Tied verdrieben mit Schmöken, tom Bispill, Schmökers wüllt fuul sin, se wüllt wat dohn wat eere Knaten nich möde maaket. Een Christ hett wat Bäteres to dohn, he hett Seelen to retten un in sien Leben, Jesus sehn to laaten. He is bat lebendige Word, un schall bat nich blot „schnacken", nä, he schall bat „Leben". He is be „Bibel", be be Welt lesen deiht; he givt sick jüm gegenöver, as eenen Christen ut, nu möt he of bat vörleben, un so to be Nachfolge inlaben, un nich bat Christendom tom „Gestank" maaken. Süh nah Petrus! Wenn du na bienen Toback kickst, so kannst nich nah Jesus sehn. Wenn du bi mit ben Düwel sien Stinkruut ümröferst, so verdarfst biene Ogen vör Jesus!

Schmöken is eene Leidenschaft, föhrt to Nicks Godes, nümmt bat Brod weg vun be Armen, föhrt bi tom Drinken, un ward bien Afgod, denn, süh: Jesus is nich bien All, du hest be Piep dorbi, un wenn du upwakest, denn grippst du ierst nah bienen Toback un noch lang nich to bat Gebäd; wat Wunner benn, bat be Schmöker föllt? Du kannst nich, mien Leser, een Sclav vun den Toback sin un of noch bienes Herren Knecht! Du kannst nich twee Herren beenen.

So geiht bat den Drinker, bem Unmoralischen. un Alle be, be Leiden-schaften hebbt, se mögen heeten, as se wüllt. Kumm Broder, kumm Schwe-ster, roop Jesus an, as Petrus beiht: Herr, help mi! He will bi herut-rieten ut bien säferes Grav, verlaat em nich mehr mit biene Ogen, laat all bat anner Kram to be Weltkinner, folg du „Jesus", hol bi rein, beschmeer nich biene Kleeder, be Jesu bi givt, mit Dreck, nich binnen un nich buten. De bütt schrift. mien Fründ, be kann dorvun reden, he is bor west. Uns Herr-god seggt (Lucä 11, 23): Wer nich mit mi is, be is webber mi; un wer nich mit mi sammelt, be verstreiht.

In sien herrlich Word seggt he bütlich (Jeremia 16, 8): Du schast in keen Drinkhuus gahn, weber bi jümm (be Spötters, be Godlosen, un Annere sinnt sick so bor nich) to sitten, noch to äten, noch to brinken. Ick weet wull bat veele Lüde segget; bor möt boch Harbargen sien, vör be Reisenden; bor hev ick of Nicks borgegen, „Harbargen" sünt abers boch keene „Suup-Bargen" — ober? un benn — schöne bewatsche Utred: Harbarge vör Reisende — wat hüttobag wull all Reisende heeten mag, wenn be sogenannte „Harbarge" een Huus ümt anner sünt — gruulich wiet baal is be Minschheit kamen, be fröher alle twee Miel eene Harbarg brukete, un in be letzten 50 Johr alle 20 Schritt eene hebben möt. Gruliche Minschen be sick bat süll st vörleegt, bat möt so sien; armes schwackes Minschengeschlecht. Doch be Wohrheit is, Fuullen-zers sünt's, be be Harbarge holt, se wüllt sick mästen up anner Lüde Unkosten. Bun anner Lüde eeren Wuchenlohn wüllt se jümm Wiever un Gören in

Siede kleeden un in Wollust upbringen. Se speculeert up de Dummen, un dorvun möt eenen grulichen Hümpel geben in de Welt, denn süs künn düsse Hallunken nich existeeren. Den Schnack den de as Lockipiese utschickt, üm de süs braven Arbeiders rintolocken, de dürenUtrüstungen u. s. f. w. künnt würklich kloke Lüde, nich in so een Nest bringen, wo Fuulpelze wahnt, de vun mien Mark sick fett fräten wüllt. Wo de Minschen nah nn nah ok tom Fuullenzen bröcht ward, tom Upstand gegen Recht un Gesetz, gegen God un Ordnung, to Winverprügeler ntbildet ward, to Rabenvadders un Rabenmoders, de dat Brod vör de Kinner in eene Jücht versupet, womit ick mienen Wagen nich waschen möggte, eene Jücht, de Minschen to Kreaturen maaket, de wiet ünner dat Veeh staht; ja, to wohre Dreckfarken, de sick wo se gaht (dat künnt's jo bald nich mehr), un staht (dat is vör jüm fast jümmer een Kunststück dat se nümmer fahrig bringt) sick in'n deepsten „Straten-Rönnsteen-Dreck" legget, oder up den Meßhof.

Gah mi los mit dien dummen Schnack, du Hans-Suuput-Michel, vun „respectable" Drinker. Wer will di noch respectären, de du di sülbst nich respectärst un letst di inschenken ut datsülve Fatt, worut de drinkt, de siene Fru nahst dodschleiht; de siene Kinner to Krüppel haut; de in „Delirium tremens" sick up de Strat wöltert; de stehlt, üm mehr supen to künnen un nu in de Staatsuniform in't Tuchthuus arbeiden lernt; de sick, wiel he to väle Düwels in sick hett, in't Water versüppt u. s. f. Schnack du, vun Respect, mit diene Karfunkelschnutt un diene Leckogen, de du dien Familie so inexerzeert hest, dat se, wenn du besapen to Huse ligst, lüggt un seggt: du büst up de Reise oder büst krank. Dien arme Fru hett all lang sick tom Lögen bequemt in eere Noth, eere Kinner gegenöver; awers toletzt ward de dat ok gewohr un nich du alleen verleerst dienen Respect bi jümm, nä, se künnt dat veerte Gebot nich mehr holen, un se doht ok Alles, wat denn ganzen Huusholt ut Rand un Band bringt, un ward toletzt ok liderlich, as du all lang büst. Gah los du mit dienen Düwelsschnack: ick kann ahn Beer, ahn Schnaps, ahn Wien nich arbeiden, dat sünt jo schier stinkende Lögen, nn rüket ganz nah eeren Vader, de de Lägen-Vader vun Anfang is. Wenn dat di Kraft gibt denn möt de, de lang nn veel sapen hett, jo een wohrer Herkules sin, meenst wull, wiel he den Tuhnpahl so fast höllt, as wenn he em tom Spazärstock bruken will, dat he ok all so stark worn is? Dn glövest dat jo sülbst nich, wiel du sühst, he möt sick holen, süs liggt he in'n Dreck.

Uterdem wo is denn dien Kraft? un wenn du noch een Bäten hest, lang hest dat nich mehr! Maakst ok unsen leeven Vader in Himmel tom Lögener, denn wenn dat wär, wat du just eben seggest: dat du ahn dat, nich mehr arbeiden kannst, denn is „He" jo nich mehr de, de di erhöllt, un „He" segget doch so. Uterdem har „He" dor jo eenen groten Fehler maaket, dat „He" bi de Erschaffung nich glick dorvör sorget, dat Beer, Schnaps un gegohren sulen

Wien, glievt up de Böme wasset, oder ut de Eerd springt, un nu also de Min-
schen klöter sünt as eere Herrgod un — genog — dorüm „Em" of nich mehr
bruket.

Ah, Gob lett sick nich spotten, vun jug. Siene Tied kümmt un He ward
mit de Süper fahrig un mit all de Goblosen. Gob gäv dat düsse Wörde
mennig een vun de Leser övertüget, dat se nich up den Felsenweg gaht, dat se
blot up Sündenwater gaht un, versupen möt.

Ropt Jesus an. He kann un will jug helpen. He will keenen ut-
stöten. He nimmt den grötsten Sünner noch an, wenn he blot to Em geiht.
Leeve Heiland, help uns gegen alle Welt Versöhrungen.

Matth. 18, 5, 6, 10.

Dat sünt doch ganz wunnerbore Christen, de sick dat in'n Kopp sett hebt,
dat de Kinner Nicks gellen doht, ut wat de eere Kinner eegentlich bestaht, is
mi een Räthsel, — ick meen de Kinners vun de Baptisten oder Wedderdöpers.
Se sülbst meen ick sünt ut Kinners to grote Lüde worn, un harn as Kinner
Flesch un Blot un een Seel.

Jesus hett nu seggt: Gaht in alle Welt, un lehret alle
Völker — wo bor de Kinner utnahmen sünt, kann wull Keener sehn, de
Ogen hett, — un döpet se, — dat is doch klar. Se möt een Barg vun
sick sülbst holen; dat se, abers eer Kinner levet, dat schüllt se mi nich inbillen
denn, as de Döpe to de Seligkeit nödig is — „Wer dor glöbet, un ge-
döpet is, de ward selig!" — so künnt se eere Kinner nich leev hebben, denn
se laat se jo nich dörch de Döpe to de Seligkeit bringen.

Nu meenet se wiel dat bi Marci 16, 16 steiht: Wer da glöbet un ge-
döpet is, de ward selig! — dat de Kinner jo nich glöben können (Apost. 2,
39). Dat Stück schienet mi eene grote Dummheit, denn künnt se villich nich
glöben, wiel se noch nich utwüssen sünt? wo ward dat denn mit de 3 föt-
schen un de 4, 5 un 6 un gor söben-fötschen Lüde. Segg, du Baptist: Wer
is fir un fahrig, üm to glöben? Hett dat Flesch un Blot vun de groten
Knaken dor wat mit to dohn? Nä, seggst du! Wat denn? Dat se nich
glöben künnt bet se all dat verstaht wat de Bibel dorvun seggt! Is dat dien
Antwurt?

Na, denn kiek mal her, un scham di wat, dor steiht in unsen Text: Wer
een sun Kind upnimmt in mienen Namen, de nimmt Mi up. Ah, ick dank
mienen Gob dat ick keene Baptistische Oellern har — denn nu bün ick doch
in de Karke, in de Gemeenschaft vun Gadeskinner upnahmen, dörch de Döpe,
denn de geschüht in Jesu Namen. So veel höllt „He" vun de Lütten, dat
dörch de Lütten, wi „Em" upnehmen. Un doch, obglick se dorgegen angaht,
billt se sick in, wo wunnerveel se vun Jesus holt. Jesus is mit de Lütten,

dat steiht hier düdlich — röge doran wer will — ick segg em abers dörch dat Gavesword, dat ward em schlimm gahn (Off. Joh. 22, 18 u. 19).

Denn seggt de Herr in Lucä 11, v. 23. Wer nich mit mi is, de is gegen mi, un wer nich mit sammelt (dat meent de Lütten ann immt in sienen Namen) de verstreiht. Dat is mal een Schnack vun de Baptisten, dat se —„nich glöben künnt"— se gaht jo grade gegen Jesus up as wull'n se Em in sien Gesicht schlagen. denn „He" seggt in 6. vers: Wer abers ägert eenen vun de Geringsten de an mi glövet — jüst du? — se glövet — un hunnerte vun lewe Kinners fünt to Jesus gahn, bekennend wat se glövet. De ganze Martelirer=Tied hett se uptowiesen, as doch noch nich an jug baptistich Wesen dacht würd, lütte Kinner, de sick nich förchten, vör Pick noch Theer, noch Füer, noch wille Bester, se hölen fast an Jesus!

Ick segg — schämet jug — schämet jug — sunne arme lütte söte Wesen uttoschluten vun de Upnahme in Jesus Namen. Mark wat he vun den „Möhlsteen" spricht heft du goa keen Furcht mehr vör dienen Herrgod? Vers 10. Is dat wat ji doht nich de schändlichste Verachtung? — Un nu noch Eens — Ick bün ok een vun de Lütten un de Geringsten un lev miene lütten Bröder un Schwestern de dor glövet, un stell mi jümmer bi eere Siede, denn eer Globen is mien Globen, un se röpt Jesus, un schellt sien Jünger de se nich rankammen laten wüllt; un ick laat mi ok mit ropen, loop mit de Lütten to Jesus — Vers 4. un maak mi so lütt as een Kind — un laat mi nümmer afwiesen. Seggt He doch to de Jünger: dat se ümkehren schüllt un (vers 3) lütte Kinner warn, süs künnt se in dat Himmelriek nich kamen, denn meen ick, lat Jeden bendenken wat he deiht. De Herr Jesus mög Jeden de grote Gabe geben, tom Himmelriek gelehret to sin)Matth. 13, 52.)

Joh. 7, 38.

Wer an mi glövet, as de Schrift segget, vun den sien Liev ward Ströme des lebendigen Waters fleeten. — Dat is een heerliches Word vun de Lippen uses Heilandes, un wenn se bäter beachtet würden, denn würd dor mehr Christen sin un dat Christendom mehr in Respect stahn, bi de Weltkinner. Water löppt stromwies vun de Lippen de dor dat Gnadevangelium verkünden schüllt, un dat Water is gor Dünn un Dick un flütt man ganz liesing weg vun wo dut utgeiht un kann nich mal een Möhl in'n Gang setten. Düt Water is de Rede vun Lüde, de dor selten wat vun Jesus redet, denn he geiht mang jümm prestern dörch, as all de annner Lüde, de dat heilige Book upwiesen deiht, will, He, de Herr, vör jümm, blot to de Geschichten hört. Nu abers is dat gor trurig Water, un dor ward dat denn verdickt mit allerlei ut denn Weltkram un överspannte Ideen u. s. f, so dat et ganz lummerig ward,

7

un of nich eene Gedankenmöhle in'n Gang bringt, över dat Göttliche to den-
ken un nah dat Himmlische to trachten. De Grund vun all dütt Wäswark
is de Ungloben. Een Hart, de dat nich vull glöbet un vull vör sick annahm-
en un empfunden hett, dat Jesus vör uns sick borgäben, dormit wi, los vun
God, webber to be Kindschaft kamen mögten, un, dörch sien Blot, reinigt vun
all uns Missidaht dörch sien Gerechtigkeit endlich selig warn (Römer 6, 1–11)
kann wenn he een Prester is, keen Lebenswater hebben, he is as de Lübe, de
de Herr Jesus so good un so düblich beschrift und Bescheb segget, in (Matth.
23.) — Wer da glöbet — vull glöbet; innig glöbet; ünner Krüz un Ver-
folgung glöbet; in Armoth un Krankeit, glöbet; in allen Versökung dörch
der „Bösen," glöbet; jümmer fast höllt on dat wat sien Heiland, sien Erlöser
vör em un be ganze Minschheit dahn hett, un vull vun düsse Seligkeit, sienen
Mund updeiht, to Tied ober Untied, (2 Tim. 4, 2.) mit den rechten Hunger,
Seelen to gewinnen vör dat Niek Gabes, Seelen ruttosöhren ut de Welt,
hentobringen to Jesus; Seelen ut den Sündenschlamm up ben rechten Weg,
himmelan, to bringen, de is dat, vun den Ströme vun „lebendig" Water
(keen bickes, fules Water) fleeten schüllt. Dat is wat wi brucket, alle
Kanzeln, alle Lehrstöhl, alle Länder, alle Städe, alle Dörpen vull vun Lübe;
de dat lebendig Water hebbt, de hebbt Erfolg, de staht in Respect, de ward
söcht vun allen armern Sünners, alle verhungerten verlorne Söhns un
Döchters, de all lang eere Göder ümbröcht hebbt (Lucä 15, 11—20.) un all
lang Nicks mehr vun eeren Baders Disch äten hebbt. Bun alle de frank
sünt vun eeren Sünden: de hals dot schlagen sünt vun de Röbers (Lucä 10,
30(de egene Leidenschaft un Dejenigen, de düsse jümmer webberrute förbert
(Habakuk 2, 15.)
 Uu all düsse arme elende Minschheit de ward gesund un rebbt warn, denn
so hett Gob dat all verordnt dörch den Mund vun de Propheten (Hesekiel 47,
9.(O dat wi doch blot bechehte Presters harn, denn dat is gor hard vör
de armen Sünners, Lübe to hören, de sülbst nich bornah doht (Matth. 23, 3:)

Matth. 24, 44 - 51.

 Uns Herr Jesus hett hier in düssen Text dübdich to sien Jünger, (un
borto hört wie Alle de dat Wort verfünden un Em nachfolgen schüllt), er-
mahnt, jümmer am Platz to sin. — Sünnt wi denn nich dorto sett, as düsse
Knechte över dat Gesinde, de Lebensspiese to geben an be, över de wi sett
sünt? — Selig is de Knecht, wenn sien Herr kümmt un findt em
also dohn. — Ach wo veel hebbt wull denn de Seligkeit dran geben? Lat
uns tro sin, lat uns jümmer to sinnen sin un utgahn de Elende uptosöken.
(1 Corinther 4, 2.) Lübe de eer Amt as een Weg üm Geld to maken ansett
un dor möt doch sehr Beele sin, denn süs künn se nich so veele Gelder un
Göber nahlaten as se doht, oft bet in de $100,000. Nich alleen dat, düsse

Lüde hebbt deen of in Sommer Reisen maakt un böse Anstrengung vörgeben (in de Arbeit för Jesus?—) un sünt wedder kammen un hebbt sick breet maakt mit eere gode Gesundheit un Kraft de se sich vun de Bargen halet hebt. Eene wunnerliche Anwennung vun Psalm 121, v. 1, un laat den 2ten Vers ut. Düsse hebbt denn of bald Nachfolger funnen, un sogor bi Welke, de eere Famili in sehr trurige Verhältnisse to Huse laat, so dat de Gleder vun sunne arme Gemenden, de of noch spiesen möt anstatt sülbst spieset to warn. Vör 50 Johren bleev de Schaapsöder bi siene Schaare, — hütt reiset se alle de man sichtens künnt, un de, de nich künnt, makt Schulden un an de „Gesinde" as de Vers (45) seggt, ward nich dacht Möglich is dat jo frilich, dat be eben so good as sünt, ohn — „düsse Art-Lüde," dat künn jo sin dat bätere Spiese-Meisters des Weges kamet un jümm de rechte Spiese gäbet. De dusend un een Utreden, de se maaket, künnt se blot vör de Lüde maaken, vör God möt se stumm sin.

Darum waket; denn ji wät mich, in welker Stunde jug Herr kanen ward. — Dat is grade to schändlich, wenn se de Spröke Marci 6, 31. anwendt, sick den in de Westentasch as eenen Pass instäket un nu dormit, vun Boden autoriesert sünt, sick de Welt to befleten un de hungerige Seelen, de in'n Sommer ebenso hungerig sünt as in Winter tosehn lact, wo se wat kriegt. Nu se sünt överflüssig, dat is wohr, un wär dat nich vör de Verföhrung vun de jungen noch unerfohrene Predigers un Studenten, ick wull keen Wurt doröver verleeren. In den 49 Vers is noch eene annere Art Knechte beschräben un de Art is leider of noch nich utstorben: Un fängt an to schlagen siene Mitknechte, itt un drinket mit de Drunkenen.

Klar un düdlich liggt dat to Dage, dat, wenn de Lewe vör de Seelen-Gewinnung nich dor is, of keene Lewe to God, un noch weninger to de Neben-minschen dor sin kann. Leev ick aber God nich, denn kann ick of keene Bröderlewe hebben un dat is so good as se „schlagen" ja, de so handelt de schleit de ganze Christenheit in't Gesich'. Tenn wat schüllt de Lüde vun eene Religion holen, de solche Teener hebbt?

Leev hebben möt se abers wat, un dat is denn de Düwelskram — äten un supen mit de Drunkenen — schöne Gesellschaft vor eene de dat Volk spiesen schall mit Himmelspiese. Eenen Schmöker, eenen Süper, as Pastor in Gesellschaft mit de Fiend vun God un sien Riek, — grugelige Tostände. Doch, dor is een Art de lewet to Huse up düsse Art, nich Buten openbarlich. Doch wi künnt hier schwiegen, de Herr Jesus kümmt jo bald vör jüm, tom eewigen Gericht. Leser lat du die warnen. Waket un Bädet, dat ji nich in Anfechtung fallet.

Matth. 24, 37.

Grade so, seggt uns Heiland, ward dat sin wenn „He" kümmt. Denk
di mal Leser; as gistern, as hüt; de Lüde in de Hüser un ut de Hüser; in
Geschäften un bi't Fuulenzen in de Kark un iu't Theater; in goode Beschäfti=
gung un in böse; an dat Krankenbed un op den Danzböhn; in Riekdom un
in Armot; gesund un krank; vergnögt und truri̇g: godvull un godloos;
ehrliche Hantherung un in de Deweri; in Waken un in Schlaap: in'n Wagen
un Tofoot; an Kaffe=klatsch un 'n Bibelstunn; in't Flöken un in't Bäden;
up dat Water un up den Lann; an'n Familiendisch, un an'n Beerdisch; up
de Promenade un in'n Rönnsteen; in't Stadthuus un in't Narrenhuus; un
up eenmal geiht los! — Duntomal keem dat Water un Noah un siene Fa=
mili güng in den Kasten mit all dat Beehwark, — un de annere Seppschaft,
de Näs=kloken, be Oberkloken, be Lustigen, de Lesapenen, de Narren, de God=
losen, de Deev un de Ehrlichen, de Flitigen un de Fuulenzer, genog de ganzen
vun God sick lostrennt lebende Minschenmass, versöp mit eer Beeh uu all eer
Riekdom un dat ole Spöttermuul würd nich mehr tom Spotten bruckt.   Nu
wär de ole Noah nich mehr, de Narr de up een Sandbarg drög as de Stoff,
sienen utgepickten Kasten bugete.   Nu kün'n se ropen. — Vader Noah!—
un de ole goode Mann, antword keen Wurd — dunn güng de Spötter
dat as dat in Spröke 3, 34. steiht — ja se harrn de Predigt hört, abers
doröber eeren Scandal maaket, un as God dat in Sacharja 7, v. 13, segget
so gescheh dat.   Grulich), — grulich, — gistern noch dat Muul so vull
Lachen, vull Spott, vull Flocken, vull Grohlen — un nu vull Water,
do, noch een Schluck — un dat godlose Muul har uttovet.   Leser to welke
Sorte Lüde gehörst du?   Kumm kiek dörch dat Register, finn di dor man
trecht: büst dormank, dat is ganz säter, un du weest denn of gliek Bescheb,
wo du dien Bed maaket hest.   Grad so, seggt Jesus — d. h. nich Water
abers Füür ward kammen — abers dennoch so, de God -- loos — sünt
de gaht ünner, - ünner - jümmer deeper — grulich nich wohr?   Een dühr
Vergnögen vör dien godlose Reden, vör dien Lustig=Leben; so wär't dun
tomal so schall wedder sin seggt de 51 Vers, dor krieget se eeren Lohn mit
de Hüchlers.   Sühst du büst verkehrt west jümmer, hest de Karkenlüde
un de Framen as Hüchlers holen un künnst nich mit jüm an densülben
Platz wesen — mark nu kümmst to de rechten Hüchlers, eene schöne
Sippschaft dat; un — dor ward sin Hulen — wat een Unnersched Leser,
gistern hest noch lachet över de Bäbbröders, as du dor ut dat Finster keckst
un söpst dienen Düvelsdreck, un hüt mötst Hulen — un Tähnklappern —
ah, hörst du?   Gistern noch harst diene Röcker=kerze ut den Düvel sien
Vörrath, mang de Tähnen as du an de Kartdöhr vorbi güngst un qualmst
di in de Gewohnheit üm den Gestank dor Unnen, nahst to verdrägen,—

nu büft all dor un bruukst keenen Qualm to maaken, dat is aßn di be=
sorgt du heft nu blot noch mit de Tähne to klappern.

O kumm, hüt heft noch Tied, Leser kumm herut ut dat säkere Ver=
darben, wenn du noch nich up de Sied steihst wo Jesus siene Erlösten
staht. He röppt ok di noch to em to kamen; ahn „siene Erlösung" mötst
du ünnergahn. Laat all den Tand de de Welt di beden kann, de möt all
mit ünnergahn, nehm:

> Christi Bloot un Gerechtigkeet,
> Dat is mien Schmuck un Ehrenkleed;
> Dormit will ick, vör God bestahn,
> Wenn ick tom Himmel ward ingahn!

Marci 10, 49.

Leser, in düssen Text is vun eenen Blinnen de Rede, sien Nam is
Bartimäus; wenn du nu nich bekehrt büst, leeve Fründ, denn lat di dat
nich verdreten, wenn ick segge du heft grote Aenlichkeit mit em, denn wenn
du düt lesen kanst, heft du ja frilich keene liefliche Blindheit, un dorvör
wüllt wi den leeven God danken; abers, as Uubekehrter büst du stockblind,
un dat is trurig, un noch mehr so, wiel du villich disse Blindheit nich fölt
heft un mi of nich to glöben wullt, un somit denn of nich to düssen
Doctor geihst vun den uns Bertimäus gründlich kurert ward. Düsse
Blinne de har nu all gor veel vun Jesus hört, dat heft du doch of, nich
wohr? good denn, un namentlich dat he alle Kranke gesund maket un alle
Gebrecken helen künn; dütt har he sick markt un of sienen Namen, un dat
is een gewaltigen Schritt vörwärts, to siene endliche Bäterung; nu wull
ick Nicks lewer, Leser, as dat du of soviet wärst, un nu as he töwest, em,
Jesus nemlich, antropen un di nich afwiesen to laaten wenn he des
Weges kümmt. Dat stund fast bi Bartimäus, dat Jesus noch mal kamen
möt. De Herr Jesus kümmt des Weges. Bartimäus, he horcht un
horcht wat de veelen Lüde wull wüllt de an em vorbi gaht, mennig Pen=
ning is wull all in sinen Schoot fullen, doch dat kümmert em Nicks.
As dat ungewöhnlich is so reele Minschen in Jericho rümlopen to hörn,
wagt he nah de Ursaak to fragen un as he den Namen Jesus hört do ist
ut mit sin Betteln, dunn wull he keen Geld mehr maaken, nee he wull
„sehen!" Süh, Leser, du seggst wull, dat harst of dahn in Bartimäus
sien Stelle. Kumm denn Fründ, du heft Jesus mehr nödig, as du glövest,
um di sehlt blot dat Gesicht üm ganz glücklich un selig to warn; roop
man droup los, du kannst Jesus nich sehn, seggst du so? Dat künn Barti=
mäus of nich abers hört har he vum em, un dat heft du jo of all oft ge=
nog; dennoch rööp he em: — Jesus du Sohn Davids — ah Jesus güng

wieder un de Lüde fäh'n; Bartimäus schwieg still, laat dien oll Geschriege sin; jüstement so as des Lüde un de Düwel seggt, to Een de Bäden will: laat man sin, dat helpt di nich.   Bartimäus wull abers hört warn, denn he wär bang dat de Herr Jesus villicht nich mehr vorbi köm, un dorin wär he recht.   Ach, dat du of doran denken würdst Leser, dat eenmal dat letzte mal sin ward, dat di de Herr Jesus in sien Wurd neeg kümmt un dat mag, nu sin, Fründ, un nahst nümmer mehr.   Hör wat de Herr Jesus deh, as dat Ropen keen Enn nehmen wüllt, he stünn still; wull wäten op den Bartimäus of recht eernst wär.   Laat dorüm nich nah to Bäden, segg ick di, hörn deiht he di, un helpen, of.   Dunn verteln se dat Bartimäus, dat Jesus nu up em toben deh, he schull man gau upstahn un to em gahn.   Keener wär fixer as uns Bartimäus, wo schmeet hr sienen Bettler=Antog weg, un leet sick henbringen to Jesus.   Kumm, Leser, dat is grade wat ick vun di will.   Jesus seggt, du schast man kamen, (Matth. 11, 28.) un nu segg ick di: schmiet dienen olen Weltrock, mit sammt de bettelhaftigen Ansichten de du in de Taschen steken hest, un dienen ganzen Bettlerstolz, denn du dorin as „Godlosen" beharbargt vun di, un ward kureert vun diene Blindheit, de di jo hinnert de himmlische Herrlichkeiten to sehn, un den Freden Jesus to schmecken.   Denn he gift to Alle, de gewaschen in Sien Bloot, de den „Olen Adam" (Bettlerrock) uttogen un nu vun niegen geboren, dörch Bote=n Ruethranen un den heiligen Geist de uns freidige Gewissheit, dat wi nu Gadeskinner sünt, dörch Em unsen Heiland, unsen Erlöser.   Amen!

Johannis 12, 21. 22.

Herr, wi wullen Jesus geern sehen! Dat sünd man ganze eenfache Würd, aber dor is een Barg Musik in vör den, de se versteiht un dat sünt de Niegebohrnen.   Hörst dorto, Leser? Ah! wenn nich, wi bedure ick di.   Süh wo dat den Philppus in'n draff bringt, de seggt dat to Andreas un dunn fängt de mit an to draben, un so kamt's to Jesus; ganz ut de Pust sünt se vör Freide natürlich.   Uns Herr Jesus freit sick of noch nichwenig, denn dorto is he jo vun Himmel kamen, üm unse arme sündige Minschenkinner to sick kamen to laaten.   Weest Leser, dat is so de Anfang, wenn se eerst mal Verlangen hebbt Jesus to sehn: denn geiht of, wenn se bi de rechten Lüde nahfragt, as se hier dohn, wieder mit jüm (Ebräer 12, 2.) dat versteihst wull, dat se nich bi Unglobigen un Freidenker oder Socialisten, oder eene Schenkwirth nahfragen möt.   Dat beste Flag is jümmer bi de Bäd=äröder de vör gewöhnlich wat vun „Babendahl" ankeken ward, antofragen, woans se Jesus sehn künnt.   Ja, nich alleen de Glöbigen ward sick frein, nä, de Engel in'n Himmel stimmt saaten eenen Lobgesang an as de Herr Jesus jo sülbst seggt: (Lucä 15, 7. 10.) Nu, mien leve Fründ wo steiht mit di? hest dat all mal in dienen Harten hatt, nah Jesus Nahfrag to holen? hest nich dahn? Man fir, leev Fründ, späl nich mit de Gnadentied, denn düsse is di gäben vun God, un du kannst dat doch nich erfördern, je to verleeren, dat kann licht all hüde to laat sin. (Lucä 12, 20). Ach, Herr Jesus, laat doch de Seelen, de dütt lest to di kamen, help jüm, de ole Unglobens=jack un de ole Twiefel=kapp wegtoschmieten, un stracks to di to kamen. Amen,

.

Sacharja 7, 13.

Glicksam as predigt würd un se nich hörten; so wull ick ok nich hören as se ropen, spricht de Herr Zebaoth! — Süh hier künnt wi düdlich hörn dat nich allen Predigt sin möt (Römer 10, 17.) sundern dat Goe se as een Maatstock bruket to sien Strafgerichte: As de ole Noah 120 Johre pre= digt har un se nich hörten, dunn güngt los mit dat Gericht un all dat Jammern hörte (wull He nich) he nich. Alle de den Sündag schändt, un Allerwärts sünt blos nich in de Kark, de Predigt to hörn, künnt hier sehn wat uns Herrgod över jüm verhänget. Vele sogenante Christen, namentlich wenns cen Bäten mehr lehrt hebbt as so een Arbeidsman tom Bispil, meent se sünt veel to gescheidt üm so wat noch antohören; jo Welke stellt sick noch gar fram an, un meent, dat wier ja genog un gor bäter, wenn se jümmer Bibel un Gesaugboot in'n Huus lesen, u. s. w. Kannst mi dat nich inreden, Leser, wenn du villch to düsse Art hörst, denn ick weet ut Erfohrung dat de Lüd de so seggt, de Bibel meist gar nich mehr in eer cegen Huus finnen könnt, un wenn, denn is se fo vull Stoff, dat's knapp to kennen is, un dat pleggt nich di Fall to sin, wo Dagdäglich de Bibel bruket ward. Ja de Bewies liggt noch anners. Süh, de Lüde, de giern to Huse de Bibel lest, de hebbt gewöhnlich dat am iligsten to de Predigt to kamen, un de Bibel jümmer bäter to verstahn. Höde di, wenn du keen Fründ vun dat „Karkenlopen“ büst, as de Spötters gewöhnlich dat nömet, denn God ward di nümmer hören, wenn du in de Noth kümmst, un de blivt nich ut, un du wullt denn Bäden. Dat sünt schlim= me Dage wenn wi so in de Hände vun den lebendigan God fallen (Ebräer 10, 31.) Keene Gebädserhörung, (Psalm 2, 4.) Hewill de Spötter, spot= ten (Spröke 3, 34.) un in de Ewigkeit keene Heimath, jo all hier givt dat keenen Freden. Bi de, de in'n Himmel, bi Jesus sünt, is jo keen Platz vör jüm, denn dor dörft keen Unreines up de Wege in'n Himmel gahn. (Jesaia 35, 8.)

Marci 1, 36, 37.

„Jedermann söket di." Dat wär eene herrliche Tied vör de Kranken, de Kröpel, de Blinnen un de Utsätzigen in Paleſtina, as Jeſus dor wär. Petrus, noch nich lang as Jünger utgewählt, har dat gor hild as he un de annern Jünger ſo dränget würden, to ſeggen, wo Jeſus to hebben wär. Alle Minſchen harrn nu Kranke un Krankheiten un wenn ſ' keen harrn, denn ſöchten ſe welke to ſinnen, deun dat is een gor wunnerlich niege Art; Kranke to kureren; Alle wüllt ſe wat ſehen; Alle wullt ſe dat erfohren, God ſi gedanket, dat et Hüde noch ebenſo geiht, wenn dor eene Seele, de lange in den ſchändlichen Sünden-Utſatz weſen is, dörch den Herrn Jeſus bun Allem kureret ward, denn ward de Lüde rundumher dat bald gewohr, wenn anners, de nu Geſunde, bun niegen geboren. De ole Adam is den dod, un an't Krüz nagelt un nu gibt ſick de Minſch nich mehr her tom ſündigen (Römer 6, 6.) Dörch Jeſum Chriſtum ſünt wi Herrn över de Sünde (Römer 6, 14) Dor kan den de ole Kameradſchaft noch ſo veel locken, de niege geſunne Minſch geiht nich mit jüm; dat givt denn gar veel Verdreetlichkeiten un övel Nahrede, aber dat maakt Nicks, dat maaket uns gor fröhlich innerlich, denn dat is een gor ſchönen Stab up den wi uns ſtütten kunnt, as to leſen in Matth: 5, 11, 12. Is dütt Leben in God eene tiedlang to ſehen weſt in eene ſünſt ganz godloſe Nachborſchaft, denn givt dat bald mehr Lüde de lieſing anfanget to fragen: — Wo kann ick geſund warn? Wo kann ick Jeſus ſehn? — Mehr un mehr gippt dat üm ſick, denn de Geiſt Gades is gor röhrig un arbeidet flietig, un ſünnſt geiht dat grade ſo los bi uns as in den Text hier, wi lopet haſtig in Gebäd to Jeſus ſegget Em; dat Jedemann Em ſöket; un't worht nich lang, denn legget to ſiene Föte, düſſe Seel, jene Seel, Nam achter Nam, un He nimmt ſe Alle an, denn He ſtött Kenen bun ſick (Joh. 15, 7). Leſer ſökeſt du ok Jeſus to ſinnen? — Ah, Fründ, du heſt nich eher Roh as bet du Em heſt, denn bi Em, is Roh. (Matth. 11, b. 29). He hett den Freden, den du brukeſt vör dien armes Hart, nn He givt di denn ſülbſt, wenn du to Em geihſt.

„Söke Jeſum un ſien Licht,
Alles Annere nützt di nich!"

Lucä 8, 4—15.

Süh, dor geiht uns leve Heiland mit ſiene Apoſtel un Fründe in't Feld ſpazeeren, un grade düſſe Gänge dörch Wald un Feld, gävet Em Gelegenheit, in een irdiſches Bild, dat himmliſche to wieſen. Dat, miene Blöder, is jo ok unſre Upgav, wi ſchüllt or „Oles un Nieges" bringen, as dat ſchreben ſteiht Matt. 13, 52, ſüh dat ſünt de rechten Lehrers „tom Himmelriek gelehrt."

Dorüm müggt wi seggen, dat de Herr Jesus dörch alle Glickniffe wiefet, dat:

Lehre un Leben — Hand in Hand gahn schüllt. De Lehre schall dat jülbst geglöwete Bild vun de himmlische Tokunft wiesen. Dat Leben aber lewet dat himmlische Leben hier up Eerden as een Ebenbild — 1 Mose 1, 26. 27. (De Minsch) dor hett garnicks mit den Eerdklumpen gemeen, blot dat he dorin wahnet un de Geschäfte de unse Herrgod em to dohn giwt, besorget. (Gradeso as mien Rock, gries, schwart oder blaag, mi warmt un if dorin miene Geschäfte besorge — in'n Arbeitsrock de Arbeit vör den Körper, un in'n Sünndagsrock de Arbeit vör de Seele. — Dorüm aber is de Rock doch nicks — oder? is de dat, de wat utricht? — Ick mag wull dorbi erkennt warn, dat is of all.) So de Körper, ick war dorin erkennt vun mien Nahbers, abers (nimm den „Minschen" de „Seel" de Geist de vun God komen is un wedder to God geiht weg, herut —) de schiere Maschiene; Knacken, Fleisch un Blot kann nich herrschen över de Fische in't Meer u. s. w. Ja as een — Eben — solches — Bild, as God herschet — schüllt wi herrschen. God maket Alles üm sienen Zweck to erriefen, so de Minschen-geist unnernimmt un arbeidet lange vörut to eenen gewissen Endzweck. Nu is abers uns Leben, dat Leben eenes wahrhaftigen, uprichtig Godeskindes — blot een Afglanz, dor Baben abers ward dat Vullkamen sin. Will ick abers so leben, hier, so möt ick vör Allem dat glöben wat uns Gades Word över den Endzweck, de ewige Seligkeit — dat ewige Leben mit God, segget, uns dor ganz herinnen lewet hebben (nich herinnen drömet, as Veele doh't achter een Glas alcoholischen Mischmasch — dat deiht de Heide, de Chinese of, dorto roket he sick dwatsch in Opium un drömet sien Himmelriet, wo de braden Farken mit twee Stöcker in'n Puckel oder Metz un Gabel, herümmer lopet,) denn seht wie klor eenen Afglanz vun Gades Herrlichkeit, tom Bispil, in de herrliche Sünn. Dat reine klore Licht — so is de Klorheit, de Reinheit, de Herrlichkeit vun God. „Hei"! segget de Twiesler, abers jünst vull allerlei Minschen-Weisheit vull-gepropte: De Sünn hett abers jo Placken! — Ja Minsch dat hett se — abers wat nu? — het se welke, de schöne Sünne, worans mötst du denn utsehn, du unglöbige, ungebildete, godlose Worm? Betiek di mit een Glas, damit du di kennen lernst un denn bäterst, denn heft doch wenigstens noch wat Richtiges dahn; abers, wenn du of de Placken süihst, wat schall dat, wat nützt dat, wat, frag ick, wat kannst du dormit bezwecken? se besöllt de Placken denn du kannst ja nich hen, un all dien gelehrten Schnick-schnack vun utgebrackene Stücken u. s. w. fodert keen lütt Kinnermuul vun de Armen, (Dat Wäten blähet up, abers de Lewe bätert, 1. Cor. 8, 1,) un bringt dien Seel keenen Strohhalmbreet neger tom Himmel, abers du verleerst, nemlich, Stänb un Stünb un dien Lieb de Gob di gäb. — „Un as se sick vör kloof holen, sünt se to Narren worn: Römer 1, 22, 23, 25, lat d i dat genog sin. un warb „kloof" as du Pf. 53, 3 sehen kannst, d. h. frag nach Gob. Hier heft du de richtige Kloofheit: Sün un Feuer un Steern un Alles schall ünnergahn, abers, Gob un sien Wort blevt. (Marci 13, 31.) So laat uns denn leben as wi schüllt, een reines, godvull, demödig Leben; Alles dohn to Gades Ehre, 1. Corinth. 10, 31. As wi seht dat alle Creatur, sülbst de lüttste Blom, Gob preiset, so schüllt, wi dohn un so lat uns dohn. Amen!

Römer 1 v. 23.

Un hebbt verwandelt de Herrlichkeit des unvergänglichen Gades i n e e n B i l d, glick as de vergängliche Minsche — Uns leve Herrgod hett uns so erschaffen to sienen Bilde, abers dat hett wohrlich Nicks mit den Erdklumpen to dohn — d e i s n i ch, t o m B i l d e G a d e s g e m a k e t — denn „Gob is een Geist un de em anbäden möt Em im Geist un in de Wohrheit anbäden, Joh. 4, 24," de Körper de kann nich anbäden. Doröm denn seggt un schellt of Paulus hier, öwer de unvernünftigen Minschen, dat se verwandelt hebbt de Herrlichkeit des unvergänglichen Gades in een Bild. Dor is nicks „herrlich" hier, wat lievliche Ogen sehn künnt. Dat ward erst·h e r r l i ch wenn wi Gadeskinner sünt, (Colosser 3, 10· wiset uns, wodennig de n i e g e Minsch vernieget ward t o d e Erkenntniß nah dem Ebenbilde vun d e m, de em erschaffen!) un somit uns öwer Vaders köstliche Gaben freut, wobei denn doch Alles— v e r g ä n g l i ch — blivt; un blot vun vergängliche Tinge künnt wi Bilder maken, de dem ähnlich sünt. Nu is hiedörch of bewiesen, dat blo v e r g ä n g l i ch e M i n s ch e n in een Bild sehn warn künnt, abers, dat , Bild — vergänglich vun dat Vergängliche — hett gor un ganz nicks mit dat Bild to dohn, wonah Gob de Minschen erschaffen hett. — Dorvun wi in Mos. 1 v. 26 un 27 lesen. Dat leset wi of dat Davib verstünn, wenn he seggt in Pf. 17, 15. — ik will satt warn wenn ik upwake nah dienem B i l d e! De beiden Minschen seeg blot Gob un se sehen „Em", of sülbst as se all in eeren Körper wahneten, denn de Körper, de wär würdig as Behusung vör Gades Ebenbiller damals, de güngen mit Gob in Goren as de Kinner de bei eeren Vader sünt. Abers as se sündigten, dun verstäten se sick, dun verlören se of de Kindschaft, un de Körper würd, wat he nu is. „Denn de Sünde is de Lüde eer Verbarben, Spröke 14, 34" — Süh doch eenen Süper an, sien Körper wieset siene Laster — Süh denn Opium-Schmöker und den Tabak-Schmöker an, sien utgedrögtes Ledder wieset uns siene Leidenschaft. Süh denn Unmoralischen an, wo de Krankheit, Krebsartig bet nah daat Hart krüppt un em dödet, denn vun Harten güng dat

Düwelswark jo ut. Wullt du an disse Bispille denn noch Gades „Eben
bild" in een Körper sehn? — Nu denk di an, hebbt se sik een Bild vun
God maket, as een vergänglich Minschenkörper utseeg. Doch up solche
Narrendinge kamet de Minschen, wenn se vun God affallet, un sik denn an
dat holt wat se sehn künnt. So maken dat de godlosen Franzosen, se
setten God aff, de dummen Aapen, un nehmen eene liederliche Deern, un
schreegen de as eeren God ut, un würden schier verrückt, süngen eere Tiedreck
nung vun frischen an un wullen nu, ahn unsern Herrgod, fahrig warn.
So nägentloot sünt alle „Godlosen Lüde" — se ward schier verrückt. De
liederliche Deern storv vor een paar Jahr in Paris in een Drecklock ünner
de Ofen, up eenen elenden Strohsack, ganz vertamen, verhungert, un ün
ner eeren Kopp leeg de „dreckige" Kapp de so domols uphar, as se as
„Glücks=Göttin" utschreegen würd. „As de vergängliche Minsch" „seggt
Paulus", so is dat, vör den ward Alles dahn un de „eegentliche" denn ver
gängliche Minsche, de Seel, de laat se verhungern un verdüstern.

Lucä 16, 8. 9.

Uns Herrgod lövet nicht de Ungerechtigkeit, averst, so wiet as dat bi
de Minschen in de Welt geiht, Lüde de nich över den Dod herut denket, un
blot hier levet vör dat Liev, nich vör de Seel, de sünt, kloof genog sick nah
gode Frünn ümtosehn, schüllt wi erkenn'n dat wi, de wi an een ewiges
Leben glövet, nich vergäten schüllt uns christliche Frünn to erwarben, wiel
wi hier sünt. Se doht Godes hier un dor, wiel se segget: „Wi wät jo
nich, wo wi mal Eenander nödig hebbet." Nu kannst du avers, Minsch,
wenn Du selig warn wullt un dörch Jesu Gnade Vergebung vun Sünde,
Leben un Seligkeit wünschest, nich meenen, dat du dat wagen dörfst to be=
haupten de Herr schüll befahlen hebben, mit den ungerechten Mammon
sick Fründe to maaken. Dörchut nich, denn wat hett de Gerechtigkeet
vör Geneet mit de Ungerechtigkeit (II. Cor. 6, 14.) Ne,
düt is so to verstahn: wi schüllt jo God över Alles leeven, un
unsen Nächsten, unsen Nahber, as uns sülbst. — So möt jo nu unse
Leve tom Nächsten ut God kamen; nich ut uns, as Kreaturen, denn de
levet sick ok un dat Veech günnt sick wat eenanner un helpet sick. Trüm
wenn unse Nächstenleve ut God kümmt, so levet wi se vun ganzen Har=
ten, wiel se ok Gades Kinner sünt un he se levet (Joh. 3, 16). Un vun
disse Kinner möt wi uns Fründe macken mit dem ungerechten Mammon.
Dat Geld an un vör sik, hett wull keene Gerechtigkeet wiel dat dörch de
Hände vun Mörder, Dewe, Bedregers, un so furt, geiht; un avers künnt
wi dor Nicks bi dohn, blot lat uns danken den leven God, wenn he uns so
segent, dat wi wedder Annere Godes dohn künnt; damit düsse Gadeskinner,
uns upnehmen künnt in de ewigen Hütten, d. h. uns dörch eere Gebäde un

Börspraak, denn „dat Gebäde vun de Gerechten vermag gar veel, wenn dat ernstlich is, (Jacobi 5, 16) uns helpet selig to warn.

II Könige 2, 23—25.

Kahlkopp kumi herup! — Düt is ot vör de meisten Minschen eene Stell, de se nich ganz goob lieben kannt. Seggt se doch, dat dat schändlich wär vun den olen Propheten, de armen ünschülligen?" Kinner terrieten to laten. Wo is aber een uuschüllig Kind? schullt se nich dat „Oller" ehren? is dat nich dat veert Gebod? Aber so is dat jümmer, de Lüde wüllt eere egenen Wege gahn un Nümms schall jüm hinnern. De Kinner wärn so bos wiel se so schlecht vun eere Ollern tagen wärn, un nu ward wi verstahn, dat dor dörchut keene grngelige Morderie west ist; aber een gerechtes Urdeel, un eene ebenso gerechte Straf. Düsse Gades-deener sünt (Sach. 2, 8.) up Gades Wege un wät wat se to dohn hebbt; dat nu, kann so een sündig Weltminsch jo nich verstahn, urdeelt dorup los nah sienen Welt-Klookheit de dörchut Nicks mit Gades geforderte Klookheit to dahn hett as du dat in Psalm 53, 3 lesen kannst. „Kahlkopp" in düssen sülbn Sinn hett de böse Minschheit noch jümmer schreet. Paß up! — büst villich mang de bösen Jungens west un, gar noch, dormang. Dor is mennig een confirmeerte Minsch, de steiht nümmer mehr vör den Altor wo he schwört hett, sienen God tru to bliven, aber he steiht vör den Schentdisch un sitt dor achter de Korten, (de Düwelsbibel) un flötet un schandert as wär he den Düwel sien, öllste Jung, un so ward't ot wull wäsen. Dor lopet se mit eeren langen Glimmstengel mang de Tähne, un — dor geist jüm old Paster vörbi — alle ole gode Rede vun den kümmt jüm in't Gedächtniß, abers so sünt to wiet weg vun all dat Goode. — „De ole Narr" brummt se mang de Tähnen, dat meent so veel as „Kahlkopp" — denn nah eere Meenung fehlt den Paster so eenige weltliche Sündenhaar — jo Minsch, dor kannst Recht hebben, denn se sünt em uträten as he sick den Heiland to Föten schmeet un sick Den mit Seel un Leev hengbv: süh, dun künn he nahsten nich mehr mit den Düwel sien Perrück herümlopen, dat meent de falsche Christen- haar, de jo dat reine Heidendom sünt, wiel se luter Düweli utövet, düße Namenchristen; abers nümmer wat över harn, vör unsen leven Herr- god und sien Wark ug Eerden. Paß abers mal up, de Boren sünt ot nich mehr wiet vun di af, sehn kannst te wull noch nich (de Jungens segen se ot nich, se wärn noch in't Holt verstäcken) abers se sünt dor!

De ole Elisa wird bedrömet, he güng jo up Gades Wege, dat he müßt sick so schimpen laaten un dorin reep he to unsen leven Herrgod, un süh dor, dun kömen de Boren un freten de 42 bösen Jungens. "Tastet mie- nen Gesalbten nich an und dbht mienen Propheten nicks to Leed", Ps. 105,15. steiht ot noch hüt dor vör, Gadesdeener. Jug ole Paster, de jug döpet un

confirmeert hett, villich of gor noch troct, de klagt över di to sienen Herren,
daß du so godlos worn büst — du meenst frilich di frät keen Boren; se
doht't ick segge di: se doht et, hev all mennig Eenen verkehrt sehn vun eenen
Boren, da heet; t. B. *Delirium tremens.* Düsse Art Boren maakt korten
Proceß mit jüm. „Kräfschaden", „Knakenkraat", „Schwindsucht" — *"Po-
degra"* — n. s. w. sünt hüde de Boren, de godlosen Jungens un Deerns
freten doht. — De ole Narr! — meent Nicks, wat? — Hör wat de Herr
Jesus över dat Word spricht in Lucä 5, 22. Dor löppt mennig Deern,
obglief de ole Paster se schön vermahnt hett, nahsteu up de Straten üm-
her, wenn de Uhlen eer Wesen hebbt — oder se huset up den Dümel sien
glatten Bräder herüm und lacht düchtig över den olen Paster sienen
„Schnack" — un segget Wenn nu de Ole uns sehn würd, wat würd se
los leggen u. s. w.

Deiht gar nich nödig, Deerns he hett sien Wark all tru dahn; nu kikt dat
grote Oge vun Häben dahl up jug Dohn, un de töft sien Tied af. Wenn du
of seggst: Bünn worhlich to goov, to een Bäd-schwester! — God hort dat,
un ick hev all vele sunne sehn de wärn „to g o o d" nah eere Menung to ne
Bädschwester, aber nahst g o o d g e n o g to de „Uttehrung". Is of een Bor,
de dusende lichtsahrige Deerns fritt.

Unse leve Herrgod seggt, dat he Acht hebt up jedes Haar dat ut unsen
Kopp föllt, Luc. 21, 18. Matth. 10, 30. — Wenn He so up siene Knechte
achtet, schüll se dem noch de „Kahlkopp" Schriers bestrafen? schüll se de jüm-
mer spotten laten?

Erret jug nich, He lett sick nich noch siene Knechte spotten.

Jacobi 1 v. 8.

Wunnerliche Minschen hüde, just as wär keen Gadesword in de Welt to
sinnen. — Höllst du „Schmiken" vör Sünde? — „Is mit Maaten „Drinken"
Sünde?" — „Is „Kortenspäl" Sünde?" — „Is „Danzen" Sünde?" —
„Is „Schwinfleesch-Eten" Sünde?" — So geiht dat Fragen jümmer los vun
Dag to Dag, bald vun den Eenen, bald vun den Annern. So fragt nich alleen
de Laien, of de Geistlichen. Worüm wull? — ha! wiel se „twiefeln" —
Wer twiefelt ist keen Gadeskind, denn Gadeskinner sünt eere Saaken gewiß.
De Herr Jesus will wi schüllt „säfer" sin — Matt: 11, 7. — Wi schüllt nich
Twiefler wäsen, uns Hart schall fast sin. Een Gadeskind fraget sick: Kann
ick, mit Dutt oder Datt, God beenen? Se levet God över A l l e s, un
nich — A l l e s ö v e r G o d, as de Weltkinner dat doht. Dorüm hebbt se
denn of keenen Lust, keene Tied, un keen Leve vör u n n ü t z e Dinge, de,
wiel se uns nich b ä t e r maket säfer uns schlechter maken m ö t. Denn Alles
geiht entweder—to dat Gode, to God, tom Himmel; oder—tom Schlechten, tom
Düwel to de Höll—dar t w i s c h e n is noch nich so veel as een Blatt Papier.
Dinge de blot dor sünt vör de Fule, **nüm** as se segget: anständig (?) de Tied dod-

toschlagen! —hebbt keenen Platz in Gadeskinner, de do wüllt selig warn, un Annere mit to de Seligkeit verhelpen wüllt, denn de möt „Waken un Bäden" — de möt arbeiden dat noch eenige Seelen reddet ward; se heßbt keene „Tied" „dodtoschlagen" aberß se möt de Tied „utköpen" denn bald kümmt de Nacht, denn kümmt wi nich mehr. Schlimm, sehr schlimm, wenn Gadeß Gabe, de Tied, schwor an Jemandes Finger hängt, de is as de Mann de 1 Pund kreeg un dat in sien Taschenbook bünd un in de Eer vergröv. Lese sülbst, wo em dat güng. (Lucä 19, 12 — 27.)

Ebräer 13, 1- 3.

Na Leser, wo süht dat hiernah mit di ut? — Heßt dat dahn? — Oder heßt du di to be holen, de jümmer to den Herrn Jesus segget: Gah en Huus wieder! — Jesus kloppt bi Jeden an, un kriggt wunnerliche Antwort.

Jesus, gah een Huus wieder.	In de Kindheit heet dat :				Ick will spälen.
	„ „ Jugend „ „ :				„ will lustig sin.
	„ „ Ehe „ „ :				„ heb keen Tied.
	„ „ „ „ „ :				„ möt een Huus bugen.
	„ „ „ „ „ :				„ möt erst vör de Kinner sorgen.
	„ „ „ „ „ :				„ bün jo goob genog, wat wüllt vun mi?
	„ „ „ „ „ :				„ bün jo ehrlich, wat schall ick mehr?
	„ dat Alter „ „ :				„ bün to old !
	„ de Krankenstuv" „ :				Wer kloppt dor ?
	„ „ Dodesstünn" „ :				Ick bün verlorn, oh help mi — halt een Prester (wat schall de, den du doch dien Levedag beschimpet heßt?)

Bi Veelen is de Gnadentied vöröber, rasch kümmt de Dod — Jesus hett nu segget: — Ick gah nu een Huus wieder! — Leser denk an bien Enn!

"Ick un mien Vader." (Joh: 10, 30. Joh: 14, 23.)

Keen König kümmt ahn sien Gefolge. Wer den König upnimmt de möt ok siene Begleiter upnehmen. So kümmt ok dat Evangelium un dat Ge- setz: Jesus bröcht dat Evanglium — de Gnaden — aberß mit de Gnaden kümmt de Befolgung des Gesetzeß (Matth. 5, 17. Lucä, 16, 17.) Mit Jesüs kamt ok alle Dugenden un wo de Undugend is, kann keen Heiland sin. Wo dat ole Hart noch is, dor is de ole Sünde, de olen Leidenschaften. Wo dat niege Hart is, sünt keene Leidenschaften mehr. Wo nich Alles nieg wor- den is, dor sünt dat verkröpelte Harten, verkröpelte Christen, verdröget, ahn Leben, ahn Saft (dat is, wiel sie keen Gadesdeenst im Huse hebbet, keen Ga desword leset, keen Gebädshart hebbet.) Ümgekehrt künnt ok de Harten to grot wärn, so dat alle Düweli dorin den grötsten Platz hüert hett. Wo steiht 't mit di?---

Lucä 21 v. 17—19.

Dat Christenloos — „Abers keen Haar schall vun jug Kopp ümkamen.„ Dat meent dat God Alles weet, un wenn s' di alle uträtten würden, so is dat dennoch recht ün goob, un schall jüst so sin; dat wat God will un tolett is good —- so meent dat: „keen ümkamen, keen verdarben". Süh vor ligaet dusende vun Minschen begraben, as tom Bispil de „Ricke Mann" de is of Ricks geschehen, nich een Haar is em uträten, un doch gült em de Text nich, hett gor keen Andeel an dat wat vor segget is, he hett Jesus nich annahmen hett keenen Sabbath fiert, dorüm is he denn, nich blot siene Haar, nä ganz un gor ümkamen. Wedderüm sünt vor dusende vun Martyrers, de sünt gor mit Huut un Haar verbrennt, un op annere Art to Dode bröcht üm Jesu willen, un doch is bi jüm Ricks „ümkamen" denn, se sünt bi eeren Herrn; abers jedes Haar is tellt un ward of Gerechtigkeit erlangen (Off: Joh. 20, 15.)

Vers 19. Dorüm schüllt wi unse Seelen in Geduld faten; schüllt an den Körper un an dat bäten Leben in düße Welt nich denken, dat steiht jo alles in Gadeshand. Obers an denn Himmel de börch Jesus bald unse Heimath, schüllt wi denken, un in Geduld töben, denn bald — bald is all uns Leed vörbi un denn kümmt de Herrlichkeit. Düße Tied eere Leeden sünt jo nich werth u. f. w. Römer 8, 18.

Lucä 19, 41—46.

Wenn du dat wüßtest -— bedenken — Du, mien leve Leser, hest di all mal so veel Tied laaten, di to bedenken? Grübelt hest all genog' över dütt un datt, Dummheit un of dumme Schnack; aber hest all mal nachdacht över wat du nich wäten deihst, (Jerusalem har dat versümet) wo steiht mit di'?

Jerusalem müßt nich wat los würd nah 40 Johr, se leten sick keene Tied dorto, jüm Geschäfte; jüm Vergnögen: jüm Fuulheit; jüm Inbildung, jüm egene Wichtigkeit: jüm Deenstkontrackt mit den Düwel (hest di of fun Kontrackt, fun Vörhältniß?) höll jüm dorvun. Minsch wat ward los sin mit di üm 40 Johr! du lachst? hör mal, wüllt seggen: üm 40 Manden? — kickst all wat ernster? — kumm, kumm, 'tkann wäsenn dat dat blot noch 40 Wochen mit di duert, hest dat of „bedacht"? – worüm kikst so blank bi dien Näs dahl? weest wat! – villicht sünt man 40 Dage; – nä hör to: man 40 Stünn – staah still, Fründ, staah still – villicht, bedenk di – blot 40 Minuten, Minsch, wat deent di to dienes Gewätens Freden? Jesus steiht nu bi di un weent! – över di Minsch bedenk, över di. Wat wullt segen to dien Entschüllligung, wenn du in 40 Minuten dod büst, denn kümmst glick an dien Ort?

Bäd Jesus dat he sofaken in bien Hart intreckt ün all dat Untüg ut
drifft wat dorin is, dormit bien Hart, but nu eene Mörderhöhl ist, een Bäd
huus ward. Na wat wullt du dohn? wullt Jesus wieder furt weenen
laten? — wullt up ewig verdammt sin? — Bedenk, fix, wat to dienen ewigen
Freden deenet!

Psalm 48, 8. 9.

Dor is een Text de möt di veel to denken geben, wenn du di mal recht
fast dor achter setten deihst. Du meenst villich, du büst all klipp un klor dor
mit, un finnst dat gor nich so schlimm; ick segge di, wenn du blot 5 Minuten
still wäsen kannst, doh dat, mi un di, to Gefallen, denn schast de Open apen
kriegen! Süh Minsch, du bist jo een Sünder — sitt still! kram nich
bien oll Gewäsch vun egene Gerechtigkeit herut, dat sünt luter Lögen, un du
weest dat! — Du büst een Sünder un kannst nich selig warn, du mötst erst
erlöset warn vun biene Schuld. Laat uns gliek to denn Hauptpunkt kamen.
Du kannst di nich sülbst los köpen, dat heft all mennig mal villicht dacht, heft
aber sehn dat du jümmer in de ole Sündelöf bien Fohrwark wedder in bog'st
du brukest eenen Broder, abers kennen sündigen Broder, denn dat kost to
veel, du brukest „Jesus."—Süh dat kannst lesen, wo grot de Pries is, in:
Math. 16. 26. — De Welt heft du nich nu blot eenen lütten Feiken dorvun
villich hier up de Eerd.

Süh een Minsch as Körper, de kost nich veel. In olen Tieden dunn
würden noh Minschen verköft vör 100—500 Dahler, ok wat billiger, abers
nich veel, hüt frihlich is dat dor; anners, de Welt is so schlicht, so een Minschin
verköft sick mit Liev und Seel den Düvel vör eenen Schnaps: vör een „glatt
Gesicht"; vör een paar Dahler verköpt se Huus un Hof, un Fru un Kinner,
achtern Kortendisch. Grulig! hev Lüde sehen, de hebbt de niege Schoh, de
eer lütt Kind schenkt kreegen hebbt vun Gades-Kinner, de de Armen Godes
doht, vör eenen Schnaps verköft. Doch du kennst wull sülbst so ne Gäst? —
Wat! — De Minsch abers kost mehr, denn de Minsch is de Seel, is dat
Ebenbild Gades, de kann keen Broder erlösen. Dien Fru de to de Kark
geiht un to eeren God bädet; dat Kind, bien Kind, dat fromm is; bien ole
Moder oder Vader de God lev hebbt, künnt di dormit nich erlösen. Du
sülbst büst dejenige de sick to bögen hett un twars ünner dat Krüz, Jesus de
Gekrüzigte is de „Eene" de Broder, de uns erlösen kann. Wullt du? —
Süh dor sünt twee Wege vör di — nu noch — bald nich mehr; de Verdam-
niß köst di Nicks kannst so wieder lopen as bether, ahn Gadesdeenst, ahn Er-
lösung. De Seligkeit abers köst di All wat du heft, wat du büst (un dat is
bitter — bitter wenig) köst die Liev un Seel — gah un giv di gliek up to —
"Jesus!" —

Lucä 19, 46.

De Herr Jesus is ümmer demödig un givt sick hier up Eerden keene Autorität as "des Minschen Söhn". — Wenn he wat segget un behauptet denn bestimmt he dat ümmer mit: Dor steiht geschräben — bi de Minschen abers heet dat ümmer: Ick segge di; — Ick will; — Ick meen dütt un dat; — Ik werde; — Ick möt; u. s. f. Dor is man een „Ick" in de Welt un dat is De de dor seggen kann un dörft un deiht: „Ich bün de Herr (2 Mose 6, 2.) He is; He was ümmer; He ward ümmer sin! —

Wat wärst du, lütt Minsch? denk mal een poor Johre torüg as Du noch mit Hände un Föte spatteltest un schreegst, un müßt töben bet een godes Hart sick diener erbarmte. Wat büst du hüt, lüt Minschen-Kind? Bannig wichtig — stopp; stopp; wer seggt dat? Du sülbst blot, 't is diene grote Meenung vör di sülbst — büst du een Christ? Säker so wiet dorvun, as de Himmel is vun de Eerd — Een Christ is — „de Knecht is nich över sien Meister" — so seggt Jesus — demödig as Jesus. De Herr seggt naher: „Mien Huus is een Bädhuus". — Ah hier is he de vulle godlike Majestät — dien God! mien God! — Mien! — Ach Minsch, dor schaft du leeren dat du persönlich jümmer „Nicks" büst, as blot vun Gades Gnade, hier, lebend, gesünd ꝛc. abers wenn di de Düwel dörch sien bösen Engel (böse, godlose Minschen) an dien Gadeshuus, dien Gemeen wo du to gehörst, dien Gadesword, rögen will, denn schaft up-stahn un di up dienen God in sien Word stütten.

5 Mose 30, 15.

Pilatus as Weltling, ded of, as een Weltling: He wackelte hen un her; he müßt sick nich to raden un to helpen. Sien oll Hart har noch een lütt Eck wo noch sun bäten Fleesch seet, abers sien Kopp wär vull Hoch-moths-Düwels. Dontomal hadd he noch een Anrecht up de Gnad denn de leve God seggt jo, he will de wackeligen Rethstengels nich ganz tobrä-ten, wenn se to em kamt (Jsaia 42, 3). As he sien Urdeel afgeben schull över den Herrn Jesus, drum wackel he gewaltig hen un her, twischen siene Fru eeren Drom un de Juden eer Drohen. He har dontomal nich alleen vör den verklagten Herren, vör den römischen Staat, un vör dat jüdische Volk, nä of vör sick sülbst to entscheden; denn dat güng nu vör Dod un Leben, ewige Seligkeit un ewige Verdammniß. Sienen Foot dalsetten un vör dat Goode sick entscheden, kreg he nich fahrig — sien Hochmoth leet dat nich to. He wählt dat Böse un sien eegene „Police", de em dat ewige Leben in de Verdammniß versäkerte. Dat givt in uns Leben, grad so een Tiedpunkt, 't steiht bi uns — wi künnt dohn as wi wüllt. Moses seggt to de Jsraliten (5 Mose 30, 15.) „Ich hev di nu Leben un dat Gode; den Dod un dat Böse vörsett."

As Pilatus sick entscheden har, dun nöhm he Water, un wull sick dor=
mit unschüllig waschen (also wüßt he, dat he schüllig wär) he
(wischte sick dat Muul as de Wulf de dat Lamm fräten hett, un seggt:
Nu schall mi eener wat bewiesen.)

Düt Alles is jo eene bekannt Dahtsaak, abers bekannt is dat mennig
een wull nich, dat wenn he düße Wörde leset he sick sülbst in den Spegel
sehn hett. Kiek mal niep to, leve Leser un denk dorbi an di, nich an een
de achter di sitt, du sülbst büst de Mann, (II Sam: 12, 7.) Dat wun
nerlichste kümmt in düße Saak tom Börschien dat hüde, sogenannte Chri=
sten. (woher se den Namen halt, is mi unbekannt, as se jo blot mit de
Fru Moria to dohn hebbt un dontomalen, as de ersten Glöbigen Apost.
Gesch. 11, 26 Christen nömet worden sünt, harrn se noch keen sunne Ma=
donna „Anbederie.") Pilatus sülbst, as eer Waschwater bruket, üm, oun
jüm arme blinde Lüde, dat Gadesword un de reine Predigt, wodörch se tom
r e ch t e n Globen kamen künnt, to rieten, un maakt den Pilatus as
eenen, oun jüm dusend un een Karken=vaders — to glöben is dat knapp
un dennoch is dat so. Se segget dat dat Evangelinm blot in dree Sprak
en verkündigt warn dürft (Wat maakt de wull ut Apost. Gesch. 2, 1—12?
— wat schnack ick doch — dorum wüllt se jo of de Bibel nich in de ver
ständliche Sprake — is di 't klor, Leser?) nemlich in:

E b r ä i s ch —

G r i ch i s ch —

L a t i n i s ch : — Jesus Nazarenus Rex Judicum, wiel dat Pilatus
blot in düsse drei Spraken, in den Zettel baben an dat Krüz, de Wörde
schräben hett: Jesus vun Nazareth de Juden König. Wat doch all ur
eenen Heiden warn kann, wenn de Papst em in de Finger kriggt; ob düsse
Pilatus all in de Reeg vun de „groten Hilligen" upnahm is, vun wegen
siene uterordentliche Verdeenste, dat hev ick noch nich hört, deiht of nicks to
de Saak, dütt is all bunt genog.

Matth: 19, 30.

Adam wahnte dicht bi den Ingang to dat Paradies — veel Lüde
wahnt an de Kark, gegenöver, un achter de Kark, abers se künnt of den
Weg nich rinfinden. — Broder, Schwester wo wahnst Du? — Ward se
eenst de, lütte, enge, Port finden de to de selige Roh führen deiht? —

De Adamiten un de Sethtiten wahnet alle dicht bi, doch de meisten
findt den Weg nie. De Kainslüde aber leset wi, wahnt up de anner Sied
vun dat ole leve Paradies un hebbt eenen grulich langen Weg rund herüm
to maken, dennoch maket em Beele — seh nah d e Heiden de Christen
worn sünt, seh nah de Juden! — Nu abers seh of nah de sog. Christen,
un de wohrhaft Glöbigen, de Nieggeboren! Wat föllt di dorbi in, ut un

jen Text? — Antword! Ick kann di twars nich hörn, abers God hört di, Leser! — Büst dun niegen geboren? de tiedige Döpe alleen, deiht nich — de rechter Tied erfolgte Insegnung, deiht ok nich, dor helpt di Nicks, mien Fründ, as wat Jesus segget in (Joh: 3 v. 3.)

Römer 6, 12.

Wo Mennig deent de Schlange,
Och, wat vör grote Noth;
Wat is mien Hart so bange,
Dat du geihst, in den Dod!

Mien leve junge Broder,
Un of du Schwester mien;
Worüm hett d' Schlang dat Roder,
Bunn't Lebens-schipp dat 's dien.

Wat deenst du dienen Lüsten,
Un dödest dienen Leev;
Den Düwel lettst sick brüsten,
Dat of dien Seel he kriggt?

Kumm kehr doch wedder ümme,
Sett doch dien Foot mal dahl;
To 't Krüz dien Weg di nimme,
Schmiet up de Knee di dahl.

Herr Jesus lett sick finden,
Hett längst geropen di;
O fang mal an to ringen,
Giv Rast un Roh di nie.

Bald ward de Freden kamen,
Du spörst dat an dien Kraft;
De Herr hett Wahnung nahmen,
He is 't, de Freden schafft.   H. P.

Römer 15, 20.

Eene Masse Lüde nehmet Paulus so oft in eeren Mund, aber dat de dornah doht wat he seggt, is wat Anners. Uns lev Düdschland hett dat Gadesward in so rieflichen Maate un vun dor verbredete sick de Reformation. Abers dat givt in dütt Johrhundert Lüd, de hebbt eeren Ursprung so een hundert Johr torügg in England to söken, de meent Düdschland, Schweiz, Schweden u. s. f. sünt luter Heiden de je — be? oder — ver?

kehren möt. Wenn de Lüde jemals düssen Text lesen harn, denn würn se
solche Dümmheit nich begahn, denn Paulus seggt just, dat he b l o t d o r
predigte wo de Name Christi n i ch b e k a n n t wär, dormit he nich up
eenen frömden Grund bugete. Matth. 13, 25 giot mi hard dorbi to den=
ken. De Methodisten und Baptisten de lopet överall ümher (Römer 16,
17.) wo doch de Name Jesus predigt ward un bekannt is vun Jedereen.
In dat Plantenriet nennt man solche Gäste — „Schmarotzer". De Joh=
resbericht vun 1885 in England wieset uns abers wat dat mit jüm Be=
kehrungssucht up sick hett. Dor heet dat in dat Johrboof vun de Weslen)
Methodisten=Conferenz dat 30,000 Seelen bekehrt würden un dorvun 28,=
000 wedder affüllen. De 28,000 müggte wi nu mal sehn, wo de sick hen=
wennt, eenfach ganz ut de Kart un somit ganz to de Welt. Bäter de
Lüde bleben alleen, bet se wohrhaft to God bröcht würden Bäter kold,
seggt de Herr, oder warm, denn de luwarmen, de will he jo utspeegen.
(Off. Joh: 3, 15, 16.) Dat is mehr schier „blinde Iver" un de schadet
man. Paulus giot ok den Grund noch düdlicher an worüm he nad Gades
Word all nich dor hen geiht, wo dat Evangelium bekannt is; Bers 21. So
steiht geschräben in Jesai 52, 15. „Welten noch nich is vun em verkun=
det, de schüllt dat sehen; un welke nich höret hebben, schüllt dat verstahn."
— Geve God dat düsse Lüde nah Jacobi 1 v. 5 üm de „rechte Weisheit"
bäden wulln.

Marci 10, 50.

Hebbt Solt bi jug, un Freden ünner eenanner! — Solt is Füer (v.
49.) un as in olen Tieden dat Opfer soltet würd, so schall uns Opfer, wi
sülbst mit Füer (innige dringende Leeve) uns hengeben; wer sick den Herrn
nich opfert, de is verdammt un ward een Opfer düsser Verdammniß, un
mit dat höllische Füer soltet, (v. 43, 47.) De innige fürige Leeve to unsen
Heiland, to unse Nick „Gades" Arbeid, möt sick in de Predigt, de Seel=
sorge, dat Gebäd befinden. Keenen drögen, kolen moralischen Schnick=
schnack, dat is dummes Solt.

Math: 6, 27—29, 33.

Dütt is ok eene vun de grötsten Leevlings=Sünden, de de Minschen
an sick hebbt, dat se: vör dat s o r g e t wat vör se unmöglich is to erwar=
ben; un denn dat se: vör dat n i ch s o r g e t, wat God vör se to Mög=
lichkeit maket hett! —

Uns 27 vers hett dat bannig scharp in sick, ja, wer dat doch blot
sahrig kriegen künn; aber süh, dat is nu unmöglich, un weet jedes lütte
Kind. Stickt aber doch in de meisten Minschen dat 's sick geern een Enn
ansetten dohn; jedwedereen will höger henut, un wenn he sick de een Eele

nid) anfetten fann, den möt dat de Näf dohn, de fe fd)ier geern baben alle anner arme Sünder henutftäcken müggten, aber 't geiht nid), blot in jüm eegen Gedanken geiht dat, as dat of bi Vagel Strauß geiht, de fienen lütten Kopp in 'n Sand fticff un fick inbillt, wiel he nid) fehn fann, fann he of nid) fehn warn. Un wenn de ole Näf nid) hod) genog will, as dat bi de lütten Mädens jümmer wat de Fall is, denn möt de Höde dat beforgen un de hogen Hacken, un de Fedders (Jefaia 3, 16.)

Wenn fick dod) de Minfchen mal bedenken wüllen, wat Anner in jümm fehen dohn, denn müggt wull bäter wern; aber ganz good würd warn, wenn fe nah unfen Herrgod keten, un bedäd)ten wat de dorvun fegget.

Dat ole leidige Sorgen, un dat, wat de Minfchen fo gries=grämlid) un fo verfehrt matet. Jedereen meent he fann dat bäter maken as uns gode Vader in den Himmel. De Buer meent, wenn he dod) man dat Wäder=Regentenamt har, denn würd dat bannig fd)ön mit de Lüde eere Felder ftahn, un bedenk nid), dat de Farber, tom Bifpil, dat drög hebben will weun he fülbft den Regen kamen laten würd — dor würd de helle Striederi in Gang fin. Gadeskinner abers, un God wäs gedankt, vun de Art lopet dod) nod) Eenige in düffe Welt ümher, de forget nid), fünt tofreden mit dat wat fe fünt, hebbt un vör Allen wat fe kriegen ward.

So fchallt of wän. Jümmer nid) geforgt vör dat wat uus Lehmkathen bruket, in den wi mahnet, 't ward dod) blot Stoff.

Abers fe forget vör dat wat God will, vör de Möglichkeit, düffe nem= lich, felig to warn dörd) Jefum Chriftum unfen Erlöfer, to den holt fe fick. Se forget dat fe ümmer mit Em in Verbindung blibet, dat is eer „Ver= ein". He is eer Stütte in Krankheit; He hett jüm Leben verfäckert vör alle Ewigkeit, un eere „Police" is in Joh: 17, 20, 24. — Joh: 10, 27 — 30. — Lucä 10, 20. So forgt nid) vör den Kaften, dat letzte Fohrwark, He hett eere Behüfung dor Baben in den Himmel all lang parat. Joh: 14, 2. Dütt miene leeven Lefer is de rechte Sorge, is dat of diene? Düs is di befahlen—de hole hod) — de anner bringt di üm, denn wat God deiht, dat fannft du nid) dohn.

Marci 10 v. 21. — Een's fehlet di! — Lucä 10 v. 42. —
Een's aber is Noth! —

Süh dor is de junge „riefe Mann" wie wät nid) ob dat nid) de is, vör den fien Dör de ole franke Lazarus lag. Kann jo möglich fin, denn dor he alle Gebode, nah fiene Meenung frilid), holen har, un nu gern dat „ewige Leben" vun dat he hört har in de Predigt, of nod), to fienen Riefdom un fiene Goodheit, hebben wull, dat he, as he hören deh, dat

he den Riekdom dran geben schüll (v. 22 — würd he vull Unmoth —)
weggüng üm Alles, wat noch good in em wär, in dat grote Prasserleben
(Lucä 16 v. 19) dat he jo „alle Dage" drev, to versöpen. Dat is dat wat
de meisten Lüde — fehlt: g r ö t e r e Leve to Gob! — ecre Leve to Gob is
bedübend klener, denn de Leve to eeren Riekdom; dat se de lieflichen Le=
bensgemütte, dörch düssen Riekdom möglich maket, höger schätzet, denn dat
ewige Leben. — Wo ganz anners fünt Gades Gedanken, as de Minschen=
Gedanken! (Jesaia 55, 8 — 11.)

Leser! — wat fehlt bi noch? — De Hand up 't Hart, du Dodes Can=
bidat, föhl to, ob dat noch so lang kloppen deiht bet dn di inwendig mal
ümsehen hest, woans dat mit di un dienen Gob stahn deiht, ob dat all sienen
richtigen Schick hett. Büst noch unklor, wat du sin schast, den hör to, in un=
sen tweten Text hebbt wi de klore Antwort: „Eens aber is Noth!" Wat is
dat? — Mari hett sick ganz alleen to Jesus siene Föte dahlsett, un maket dat
wohr, wat all in 5 Mose 8 v. 3 steiht: up dat di knnd würd, dat de Minsch
nich lebet vun dat Brod alleen, sundern vun Allem, (sundern vun eenem jeg=
lichen Word, dat dörch den Mund Gades geiht Matth: 4 v. 4, segget Jesus!)
Dat ut dem Munde des Herru geiht. Se sit vor un itt himmlisch Manna
un drinkt dat klore Lebenswater an de rechte Quell ümsünst (Off. Joh: 22,
17) un wat se dormit krigt dat hett se, un — schall nich vun eer nahmen
warn — willdeß Riekdom un all dat anner Kram, Titels un weltlich Ehren
u. s. w. vun uns nahmen ward, denn naked sünt wi up de Welt kamen, naked
möt wi wedder dorvun; abers dat — Eens dat Noth is — dat blivt uns
Deel. Bröder un Schwestern hebbt ji dat „Eene"? —

Marci 9 v. 19 -- 23 — wo lange schall ick mit jug lieden?

Hier seht wi dat de Herr Jesus sien Leben mit de Jünger as to de Lei=
denstied gehörend, reken deiht.

Doch ok so schüllt wi dat verstahn: Wo lange schall it jug noch drägen,
in jüm Schwackheit? — worüm blibet ji in Twiefel? — wenn, wüllt ji fast
warn un miene jug gemakte Tosage, annehmen, ergriepen?

(20.) — as em de Geist seeg (Jesus! — seeg dat nu sien Meister dor
is un he herut müßt.) do reet he den Körper worinnen he wahnete — un
füll (i n un m i t) up de Eerde; — dat wiset uns den Körper (up den du so
veel givst, denn du hegest un plegest un schier to, if weet nich wat, utmufters)
as dat willenlos, leblose Ding (Eerde un Stoff) welker „Jenahdem"— eenen
„goden" oder eenen „bösen" Geiste gehorchet. Ahn een, vun de Beiden, (1
Mose 1 v. 27.) föllt de Stoff to de Eerde. — Examineer dienen Geist, Leser!

(22, 23.) — Dat he em ümbröchte — den Körper, den he jo binah
jümmer herümmer tafete, verbrennen oder versöpen müggte (doch in dsGar

"Gnadentied" de de den Minschen hier givt, kann he dat nich, God lett em
dat nich to, (Hiob 1 v. 12 — ahn an em sülbst, legge diene Hand nich.) —
denn de Herr Jesus hett jo „Dod, Höll un Düwel" överwunnen). — Alle
Dinge sünt möglich den de glöbet! —

De Unglöbigen, de Welt, de Kinner vun den Bösen, wüllt Alles könen
— se schet eere Hande-Wark, (Een Handwark alleen givt dat, de eere fah-
rige Wore nich sehn möget, dat sünt de, de Wiwerprügelers un Drunken-
bolde fabriceert, wenn se de fahrig hebbt, schult se de Dör vör jüm to.) an,
un finden sick sülbst as God! Jesaia 2, 8. (De Schoster wenn he sienen
Stäwel beögelt; — de Buer as he sienen staatschen Weten ankickt; — de
Goldschmid sick sienen gegatenen Engel ünner dat Kiekglas betracht; — ob de
Bessenbinner ok so verfohrt mit siene Bessen, dat weet ick nich genau; — abers
säcker is, dat de Schnapssüper sienen Götzen ankiekt, wenn he in dat Glas
schuul't.) Ja! ja, sehen wüllt se, abers nich glöben.
— Kannst du abers wat? —

So twiefelt alle Minschen, blot mit den Ünnerscheed, dat de „Boshaftig-
gen" segget: denn lat dat sehen! — giv uns een Teken vun 'n Himmel! —
büst du Gades Söhn, denn flatter vun dat Krüz dal! —

Düsse Mann hier abers is up den Weg to glöben - „30 erbarm di un-
ser un help uns - dat is Demoth, sunne Lüde ward tom Globen holpen. -
De annere Sort Lüde abers hört vun den Herrn: ji schüllt keen Teken krie-
gen, anners as dat, wat Jonas sien Teken is!

(24.) - Ick glöbe! - dat is de Anfangs-Globe, he blivt in demödiger,
bädender Stellung (wo Beele erret jüst, hierin) - help mienen Ungloben! O
miene leven Leser, lat uns bäden, dat de Unloben uphöre un Alle to den
wohren, seligmakenden Globen kamen.

I Petri 1' 18, 19.

Leser! wenn du noch nich weest, woans dat mit di steiht, ob du selig
warn kannst, wenn du noch de Welt gor leev hest, un vör dienen Herrgod bit-
terwenig öwer hest, denn will ick di eenmal so dörch de Welt föhren, dat du
bald Angst kriegen schast, vör dien Seele un de Seligkeit to söken, anfangen.
Du kennst doch de olen Unkels, de hen un her in de Stadt wahnt, de Man-
dags veel Besök krieget vun allerlei Lüde, de dorhen gaht mit Bündels ünner
de Arm, vullgeprupte Taschen, un so fort, abers jümmer leddig wedder rute
kamet. Düt sünt Pandverlehers, de maakt grote Geschäfte un eere Vördeel
dorbi is fürchterlich. De arme Lüde, de abers eere Kleeder un eere Schmuck-
saaken dor verpändet, verarmet ganz un gor, denn dat ward jüm surer un su-
rer, üm dat wedder intolösen un wenn se dat nich doht, denn sünnt se eere

Saken los vör ümmer. Grad so mien leve Lefer geiht dat mit de Minsch=
heit, se hett sick verfett mit Liev un Seel bi den olen Düwel, un künnt ut
siene Klauen nich wedder los, denn se hebt nich dat Löfegeld üm sick losto=
köpen. Verköpen deiht sick de Minsch vör eene Kleenigkeit, een bäten Welt=
luft, een lütte Löge üm sick ut eene Verdretlichkeit to redden, versett uns dem
Bösen mit Liev un Seel. Judas verköft sick em, un müsst naher dohn wat
de Düwel wull, vör dat Vergnögen (?) dat Geld dörch de Finger glieden to
laten, he würd een Giezpinsel. Nahst verköft he den Herrn Jesus an den
Düwel siene Handlanger, un as he gewohr würd dat he nümmer sick wedder los= .
köpen künn–(he schmeet jo de 30 Sülberstücke de Hogenprefters vör eere Föte)
dunn knöpt he sick up in een Boom. Ah, wo veele Minschen maakt dat eben=
so, wenn 's old ward un jümm dat Gewäten pisackt, denn schmiet se dat Be=
drugsgeld, dat Schindergeld wat he ut anner arme Lüde herutschunden hebbt
hier to düsse School; düt Hofpital, de Kark, dat Armenhuns; u. s. f. Dat
abers maakt jüm nich fri. Jesus hett uns fri köft, een vör allemal nich mit
Gold un Sülber" – nä, mit sien unschüllig Liden un Starben; dörch sien
Blot, kannst Du un Ick losköft warn, wenn wi Joh: 3, 16. – de an Em
glövet – an Em glövet. He hett Alles dahn vör uns un künnt wi blot to=
langen, un wenn wi noch so lange rümlopen fünt, ahn bütt to wäten un to
verstahn, wenn wi nu kamt, nu dat wi noch hier lebet (Jefaia 55, 6, 7. –
Prediger 12 v. 1.) – Denn schüllt wi losköft wän vun den Bösen, den wi
uns verpändet hebbt, un denn künnt wi nahsten Em nahleben, wenn wi wohr=
haft bekehret fünt to den Höder un Bischop vun unse Seel (1 Petrus 2, 21–25.)

Marci 16 v. 15.

Gaht hen un prediget! – Uter düsse Upförderung vun „u n s e n Bi=
s ch o p" in 'n Himmel, geschüht dat hen un wedder, dat Lüde in de Karken,
bi de Missionsfeste upförbert ward, sick in de grote Armee anwarben to laten,
de düsse Utrüstung hett, as du dat Richter 7, 16. un Ephefer 6, 13 – 17.

Doch as dat all in de weltliche Warbung geiht, dat dor veele Bangbüren
fünt, so is dat noch veel mehr so in düsse geistliche Warbung. Grote Lohn
in Gold und Sülber, künn wull noch Veele anlocken, aber de Art Lüde fünt
unbrukbar. Ick har mal Eenen, de wull bannig fix „in dat Geschirr gahn", –
doch wär siene Vörstellund vun „Predigen" een good grot Muul vull Schnack,
eenen langen schwarten Rock un vör Allen dorbi een lange – lange Piep! –
Geld nah Bedarf üm jümmer mitmaken" mit de Weltkinner. De leve Herr=
gob bewohre uns vör funne Friwillige – de Art, wenn't scharp hergeiht, leggt
sick in'n Graben, un wenn be Larm vörbi, denn fünt se nahsten ok „mit dorbi„

weeſt, un achter den Diſch wo ſe dorvun vertellt, ſünt ſe of bannige Hau=
degen (Habakuk 3, 15. 16.) Unſe Herrgod wull uns of behöden vör de
„ingepreeſten“ — de ut een Famili Preſter warn, ſchüllt! — Kamet aber
ji jung — „bekehret“ — Volk. Seht mal dütt Regiſter an vör eenen be=
ſtimmt, de dor helpen will, dat de Arbeid in unſen Herrn ſienen groten
Wienbarg dahn ward.

Gaht aber un prediget un ſpräket: Dat Himmelriek is naheherbi kamen
Matth. 10, 7.
Maket de Kranken geſund (Lieb un Seel)............Matth. 10, 8.
Dräget keenen Büdel u. ſ. w....................Lucä 10, 4.
Grötet Nümms up de Straten....................Lucä 10, 4.
Ümſünſt hebbt ji dat kregen, ümſünſt gebet dat of!....Matth. 10, 8.
Un wo ji in een Huus kamt (Stadt oder Gemeinde) dor ſegget:
Frede wäs mit jug!..... ....Lucä 10, 5.
Is dor een Fredenskind — ſo blibet, n e h m t wat ſe hebbt to Noh=
rnng...Lucä 10, 7.
Ji ſhüllt nich vun eenen Huſe (Gemeende) tom andern gahn.......
Lucä 10, 7.
Wer abers ſöcht de Ehre vun Den, de em geſendet, de is wohrhaftig.
Joh. 7, 18.
Wer an mi glövet, — vun des Lieb ward Ströme vun lebendig Water
fleten..Joh. 7, 38.
Ahn mi künnt ji Nicks dohn....................Joh. 15, 5.
Uns Wandel abers is in'n Himmel.................Philip. 3, 20.
Uns Wandel wäs ahn Giez....................Ebräer 13, 5.
Ick vermag Alles durch den, de mi mächtig maket, Chriſtus........
Philip. 4, 13.
In welken verborgen ligget alle Schätze vun Wiesheit un Erkenntniſſ..
Coloſſer 2, 3.
De Teken abers de folgen — de dor glöven u. ſ. w......Marci 16, 17.
So abers Jemand ünner jug Wiesheit fehlet........Jacobi 1, 5 u. 6.
Een reiner un unbefleckter Gadesdeenſt........ ...Jacobi 1, 27.
Weſet aber to alle Tied parat, to de Verantwordung ....1 Pet. 3, 15.
(Lögen ſünt nich nödig üm Gades Gebode to holen; un man hett genog
an Gades Word, üm recht to lehren............. ....Sirach 34, 8.)
Un he ſpröt to jüm: So oft as ick jug wegſchickte ahn Büdel, ahn Taſch
un ahn Schoe, hebbt ji of jemals Noth leden? Se ſpröken: Nemals keenen!..
Lucä 22; 35.
Hier ſteiht Jeſus ſien Gebäd vör ſiene Jünger........Joh. 17, —.
Denn alle Schrift, vun God ingegeben u. ſ. w.....II Timoth. 3, 16.
Du abers wäs n ü ch t e r n — do dat Wark eenes evang. ....
II Timoth. 4, 5.

Predig dat Word — to rechter Tied, oder to Untied. ...II Timoth. 4, 2.
Selig is de Mann, de de Anfechtung. ....Jacobi 1, 12.
Wäs troe bet in den Dod. ......Offenbarung: Johannes: 2, 10.

Junge Mann, de Du den Herrn Jesus leev heſt un mit gode Gaben utrüſt büſt, wo gefällt di dütt, wat de Herr hier to ſien Nachfolger ſegget? Kannſt dat mit „Em" — wagen. De Welt findt dat eene wunner= liche Art, ſiene Lüde to behandeln; un de in de Brofe gahenden Chriſten ſe t ſchul dorup hen. Ja de Herr Jesus will g a n z e Chriſten warben ſo eene Art, de as Paulus un Silas in Philippi, na alle Prügel un toletzt of noch bi Water un Brod, in'n Block faſtgetielt, in Gebäd un Gejang God danken un laben künn — dat künnt Lüde, vor de let Gob ſülbſt den Erdboden ſchü̈teln. (Apoſt. Geſ. 16 23—26) ſo dat Schlot un Riegel itene Kinner nich holen kann.

Lucä 19, 26.

Wer da hett, to den ward gegeben. — Dat is een vun de Steen, over den s gor to giern fället. Wenn de Fuullenzers of nich cen Word mehr, ut dat leeve Gadesword kennet, dütt hebbt ſe ſick herrutſchnüffelt un holt ſe jeden Chriſtenminſchen vör, de jüm op eenen bätern Weg bringen wull. Se wüllt ſo giern unſchüllig wäſen, un ſchnackt vun „een böſes Ge= ſchid" dat jüm ob Schritt un Tritt verfolget. Wat ümmer dat vör een Weſen ſin mag, weet ick nich, blot dütt weet ick, dat een gode Knüppel op jüm Fuullenzers Puckel, dütt Undiert utdrieven kann.

Dütt leeve Gadesword möt wi eenmal, in'n gewöhnlichen un in'n geiſtlichen Leben, betrachten. De Handwarksmann de de gröt̄ſte Geſchick= lichkeit h e t t, den ward de meiſte un de verdeenſtvullſte Arbeid g e b e n; eenen Pfuſcherer givt man doch wull nich ſiene goden Saken, üm ſe dörch em verdarben to laten, oder — ? Eenen as ehrlich bekannten, givt man ſien Totrugen; eenem Deev ward man doch keene Ehrlichkeit totrugen? To eenen gelehrten Mann geiht man üm ſich Rath to halen un betahlt em good dorvor; wer würd wull to eenem Narren gahn?

De Fuule; de Donichgood; de Unglücksvagel; (as ſe mit nömet ward) de Reidiſche un vele Anere betrecket ſick mit Unrecht up düſſen Sprofe. Dat meent ſo veel as, dat ſe God ſülbſt tom Mitſchüllgen vun ere Schlechtigkeit maket. — Erret jug nich, God lett ſick vun jüm nich ſpotten! — In'n geiſtlichen Leben is dütt Word nu ſo to verſtahn; Wer w o h r e Framigkeet h e t t, de ward jümmer mehr tonehmen, waſſen in de Gnade, hoger un hoger upſtiegen up de Himmelsledder, un ſo neger un neger to ſienen God kamen. God ward em vele Früchte, vele Seelen g e b e n.

Wer ſülbſt de „Rieggeburt" (Joh. 3, 3.) h e t t, de ward annere Seelen gewinnen; wer in de „erſte Lewe" bliwt, de ward dörch ſien Fiiler, Veele anbrennen. Wer de wohre Demoth h e t t, de ward över

Bele to seggen hebben. Wer den Semptorn=Globen hett, de ward dormit Barge, anschienender Unmöglichkeet, versetten. Wer dat rechte Licht vun den Herrn Jesus hett, de ward jümmer mehr lüchten in düsse Welt.

— Vun den abers, de nich hett, ward ok dat nahmen, wat he noch hett. —

Ha! nu hebbt wi di, meent de Twiefler, öber düssen Steen mötest du ok jo sülbst fallen; töv noch een Bäten, Fründing; wäs nich so grulich vör= lig, man jümmer gemach un stramm upgepasset. Een Mann de in sie= ne jungen Johren fuul (wat een häßlich Word hör ick dor Jemand seggen, wat is de Kierl jümmer so liekto! — Ja Minsch, bi sunne ole Krankheit, as de Fuulheit is, ward jümm bannig „dickfellig“ un dor möt dat stark, kamen, süs fohlt jüm Nicks! — versteihst mi? —) in 't Lernen, hett nich de Geschicklichkeet üm vörwarts to kamen un sick anständig mit sien Familie (de müt sick so hüde jede dumme Junge anschaffen eenerlei ob he se dorchbringen kann oder nich. —) to ernähren. Een schlicht Handwar= ter, de sunn bäten rümpfuschern kann, ward bald dat Staatsamt kriegen, an de Chausee Stene to kloppen; oder he ward vun de Stadtbehörde as wullbestallter Stratenfeger upnahmen, un up de Art, ward em dat bäten Geschicklichkeit noch nahmen wat he hett, denn he kann dat jo nich verwerthen. Markst nu wat? — Eener de nich dörch un dörch „ehrlich“ is, also kene ganze Ehrlichkeet hett, ward bald tom ganzen Deev warn, somit dat bäten Ehrlichkeet vun em nahmen. „Wer eenmal lüggt (so seggt dat Sprökword) den glöbet man nich un wenn he ok de Wohr= heet spricht“. — Dat Spierken Wohrheet wat he hett ward em naß= men dörch dat verlorne Totrugen. — Na nu? — woneben stickt nu dat grote Unrecht wat di geschehen is?

In'n Geistlichen is dat so to verstahn: Wer nich ganz den Heiland in sick upnahmen hett, de ward bald sick up bösen Wege finden, un somit dat Bitschen Framigkeet verleeren. Wer blot eene halbe Leve to dat Gadesward hett, den ward bald de Hammerschlag (Jeremia 23, 29) vun Gadesword düsse halwe Leve tosamenschlagen un he is ganz in de Welt. Wer dor meent, he is een Gadeskind, wiel he mal anpust is vun den Geist, hett abers noch de sienen Faden an sick, de an 't anner Enn in den Düwel sien Hand ligget, (siene bösen Angewohnheiten) de ward bald ganz in dat Verdarben herintreckt warn, un dat bäten Christendom ward em wegnahmen sin. Wer abers ok würklich erlöset is, un leg= get sick dornah up de „fuule“ Siede, un arbeidet nich in Gades Wienbarg, sammelt nich annere arme Sünderseelen, de ward bald siene Kindschaft verleeren, un em geiht dat as dat dor Baben steiht: vun den abers, de nich (veel — genog — ganz) hett, ward ok dat nahmen, wat he noch hett! — (Matth. 25 v. 8. — Läcä 11 v. 23, un 13 v. 7. 8. — Matth. 25, 40. 41.)

Hin zu Jesus.

Herr, wir wollten gerne Jesum sehen. Joh. 12, 21.

1. Ich möchte gerne Jesum seh'n!
Kannst du mir zeigen ihn?
Ach laß mich nicht vergebens geh'n,
Mein Herz möcht' nur zu ihm.
Hin zu ihm, hin zu ihm,
Nur dahin mag ich zieh'n,
Hin zu ihm, hin zu ihm,
O fuhr' mich zu ihm hin.

2. So kommt doch Alle, Sünder
kommt
Hin zu dem Kreuzesstamm;
Nichts anders armen Pilgern frommt,
Herr Jesus nimmt uns an!
Nur hinauf, nur hinauf,
Dort ist ja Trost vollauf;
Nur hinauf, nur hinauf,
Sein Blut löscht Sünden aus.

3. Ja hier nur sind geborgen wir
Vor aller Sündennoth,
Hier holen wir Befreiung schier,
Vom großen Sündentod.
Fleh' herab, fleh' herab,
Christi große Gnadengab',
Fleh' herab, fleh' herab
Was er für dich erwarb!

4. Nehmt Brüder ihr, nehmt Schwe=
stern hier,
Das liebe Himmelsbrod,
Das Kleinod, das der Vater gab
Für seines Sohnes Tod!
O nehmt all', o nehmt all'
Die freie Gna enhand,
O nehmt all', o nehmt all',
Er führt uns in sein Land.

5. Wie lieblich ist des Menschen
Sohn,
Wie gnadenreich, wie groß,
Wie herrlich wohl dort auf dem Thron,
Zu ruh'n in in   schooß.
Himmelan, himmelan,
Geh't ja nur meine Bahn;
Himmelan, himmelan,
Denn Jesus ging voran!

2. Guten Morgen! Guten Morgen!
Nun sind Alle wieder da;
Ohne Trübsal, ohne Sorgen,
Alle da, von Fern und Nah!
Halleluja, Halleluja,
Heil dem Lamme, Gloria!
Halleluja, Halleluja!
Heil dem Lamme, Gloria.

2. Darum wollen wie auch preisen
Unsern lieben, Jesus Christ;
Dank und Freude ihm beweisen,
Der uns „Ein — und Alles" ist.

3. O wie köstlich ist's zu wissen,
Sicher, sich in Jesu Arm;
Alle Angst, kein bös Gewissen,
Kann uns bringen in Alarm!

4. Liebe, Friede, Freud' und Glaube,
Freundlichkeit und auch Geduld,
Sanftmuth, Gütigkeit erlaubet
Uns zu üben, Er, voll Huld!

5. Immer mehr, wollt Jesus geben,
Uns den lieben, heil'gen Geist,
Immer inn'ger in uns leben,
Bis wir steh'n im Engel=kreis!
Halleluja, Halleluja,
Heil dem Lamme, Gloria!
Halleluja, Halleluja,
Heil dem Lamme, Gloria!

Mel: Lobt Gott, ihr Christen.

3. Mit Dank wir uns zu dir jetzt
nah'n,
Du lieber Herr und Gott,
Daß du für uns genug gethan,
Erlöst von Sünd und Tod.

2. Für Leib u. Seel du immer sorgst,
Wenn wir nur dir vertraun;
Drum singen wir dir fort und fort,
Für Sorge ist kein Raum.

3. Und wenn auf unsrer Pilgerbahn,
Das Ende ist erreicht;
Wir blicken froh dann himmelan,
Der Tod find't uns bereit.

Nach Philipp: 4, 6.

Mel: Wie groß ist des Allmächtigen Güte.

4. Der Herr ist nur allein mein
         Hirte,
Er wird mir's lassen mangeln nicht;
Er weidet mich auf grüner Aue.
Und führt zum frischen Wasser mich.
Ja meine Seele er erquicket,
Und führet mich anf rechter Straß.
Um seines, Namen willen blicket,
Auf mich Er, daß ich Ihn nicht laß.

2. Obwohl schon in dem finstern
         Thale,
Ich wandern müßte eine Zeit;
Kein Unglück fürcht ich auf dem Pfade,
Zu helfen Er ist stets bereit.
Du bist bei mir, mein theurer Jesus,
Dein Stab und Stecken trösten mich:
Ein'n Tisch vor mir du bereiten mußt;
Gegen die Feinde, zum Gericht.

3. Auch salbest du mein Haupt mit
         Oele,
Und schenkest immer voll mir ein;
Barmherzigkeit ich nicht verhehle,
Auch Gutes wird mein Theil stets sein;
Mein Lebelang sie folgen werden,
Mir nach, wo immer ich geh hin;
Im Haus des Herrn dort möcht ich
         sterben,
Immerdar bleibend, dien' ich Ihm.

Mel: Befiehl du deine Wege,

5. Herr Jesus, heut wir kommen,
Zusammen in dein Haus;
Hier möchten wir uns sonnen,
Dei'n Segen bitten aus.
Erhebe unsre Herzen,
Gieb frohen Sang dem Mund,
Nimm fort die Sündenschmerzen,
In dieser deiner Stund!

2. Durch deinen Geist uns lenke,
In allem unsern Thun;
Köstlichen Frieden schenke,
Hier laß uns recht ausruhn
Von allen Lebensnöthen,
Von aller Sorg und Plag,
Von Dingen die uns tödten;
Giel uns, 'n Segenstag.

3. Wir wollen unsre Häupter,
Nun heben himmelan;
Unsre Gedanken läut're,
Lenk uns auf hoher Bahn.
Gieb rechten Geist zum Beten,
Zum Hören deines Worts;
Laß Stuf um Stuf uns treten,
Bis zu der Himmelspfort.

         Psalm 34.

Mel; Gott des Himmels und den Erden.

6. Nach Einsammeln deines Se-
         gens;
Nahen wir uns deinem Thron;
Von dem Sonnenschein und Regen,
Gabst der Arbeit, großen Lohn.
Vater der Barmherzigkeit,
Wieder hast du uns erfreut.

2. Vor uns lieget, deine Fülle,
Die aus Garten und vom Feld,
Vater, 's war ja so dein Wille,
Alles, wie vom Himmel, fällt,
In der Kinder Schooß hinein,
Jedes Herz willst du erfreu'n.

3. Deinem Willen wir uns beugen,
Weil du uns gerufen hast;
Freudiglich auch zu bezeugen,
Daß verschwand die Sorgenlast,
Gieb uns daß mit Herz und Mund
Unsre Dankbarkeit werd' kund.

4. Väter, Mütter, Söhn' und Töch-
         ter;
Knechte, Mägde, Arm' und Reich';
Fremdling, Wittwen, Waisen möchten,
Priester, Lehrer, All sind gleich:
Freuen sich der Erntezeit;
Gott zu preisen, sein bereit.

Mel: Nun preiset Alle, Gottes Barmherzigkeit.

7. So lang die Erde: (1 Mose 8, 22.)
So hat der Herr geschworn,
Stehet, so werde.
Reichlich auch, Frucht und Korn.
Drum wer gesäet, der kann sagen:
Freuet euch, freuet euch, Seiner Gnaden!
Freuet euch, freuet euch seiner Gnaden.

2. Doch in der Freude (5 Mose 24,
19–21)
Sollet, so spricht der Herr:
Ihr sein bescheiden,
Denkt an der Armen Heer!
Nachlesen soll'n Wittwen und Waisen
So werden Alle, am Besten preisen!
So werden Alle, am Besten preisen!

3. Weil wir auf Erden, (Galater 6,
9.)
Lasset uns Gutes thun;
Dann nach dem Sterben,
Werden wir köstlich ruhn;
Himmlische Freude, ohn Aufhörung,
Wird unser Heiland uns dann bescheeren;
Wird unser Heiland uns dann bescheeren.

Mel: Großer Gott wir loben dich.

8. Wie versprochen, so ist's nun,
Gab'st der Saat ja deinen Regen;
Heut wir von der Arbeit ruh'n,
Und betrachten diesen Segen.
O, du lieber Vater, groß,
Köstlich All's der Erd entsproß.

2. Auf der ganzen Erde stand,
Prächtig, lieblich anzuschauen;
Das Getreide wie 'ne Wand.
Auf den Bergen, an den Auen;
Dieses giebt uns Brot genug,
Auch der Obstbaum reichlich trug.

3. Alles Vieh, hat Weide g'nug;
Alle Saat, in Feld und Garten,
Hundertfältig, Manches trug,
So bezahlst du treues Warten;
O nimm hin nun unsern Dank,
Unser Lippen Freudensang.

4. Doch, nicht nur für heute sei,
Unser Herz bereit zu danken;
Nein, wie jeder Tag ist neu,
Sollen täglich Gebetsranken,
Streben wie der Opferrauch
Abels, steil zum Himmel auf.

Mel: So nimm denn meine Hände:

9. Dank, Dank, sei dir o Vater,
Für alle Lieb';
Sei immer mein Berather,
Willigkeit gieb'.

Laß bleiben in der Gnade,
Dein armes Kind,
Bewahr 's vor Sünd' und Schade,
Bis Ruh' es find't.

2. Erquickt wir geh'n von hinnen,
O sel'ge Lust:
Befreit von Sorg, wir bringen,
Aus voller Brust,
Dem Geber aller Gaben,
O Jesu mein,
Was wir zu geben haben,
Das Herz 's ist dein.

3. Gut Nacht ihr Lieben alle,
Dem Herrn allein,
All unser Thun gefalle,
Von Sünd bleibt rein.
Ohn Jesus wir Nichts bauen,
Mit ihn nur wall't,
Bald sollen wir ihn schauen,
Er kommt ja bald.

Mel: Harre meine Seele!

10. All wir Kinder kamen, zu dir,
o Herr!
Deine offne Arme, lockten uns hierher.
O Jesu lieb', gib uns Gottes Fried',
Und laß uns jetzt singen, ein ganz neues
Lied
Treuer Erlöser, Heiland der Welt;
Hilf daß uns're Seele, fest zu dir hält.

2. Nicht des reichen Mannes, Leben!
ich mag.
Hat er doch vergessen, deinen Feiertag!
O helfe Herr, daß ich nicht beschwer,
Meine arme Seele, und bleib segensleer.
O hier ist Wonne, denn hier bist Du,
Meine Gnadensonne, hier find' ich Ruh'

3. Hat er auch der Leiden, und
Wunden viel;
Keine äußern Freuden, Steine nur als
Pfühl!
Ist doch zuletzt, Lazarus zum Fest,
Ew'ger Himmelsfreuden, eingeführt zu-
letzt.
Durch's „Kreuz zur Krone", o Jesu
mein,
Werd ich zu dir kommen, Hilf treu mir sein.

Mel: So nimm denn meine Hände.

11. Gieb uns ein neues Herze,
Herr Jesu Christ;
Welches in Freud' und Schmerze,
Dein eigen ist,
Laß uns recht kindlich bleiben,
O, höre Herr!
Uns alles Böse meiden,
Hilf für und für!

2. Das Himmelreich ist eigen,
Dem Gotteskind;
Drum führ' mich deine Steige,
Die richtig sind.
Will halten zu den Frommen,
Mein Lebenlang;
Du wirst mein Seel erhalten,
Giebst Speis und Trank.

Mel: O Gott, du frommer Gott:

12. „Siehe Ich komme bald"!
„Wer Ohren hat der höre";
Schon' weder Jung noch Alt,
Daß n' Niemand sich bethöre,
Und denk: Es sei noch weit—
(Und woll in aller Lust)
—Bis hin zur Ewigkeit—
(Leben, in Hochgenuß!)

2. Du sprichst: Ich bin gar reich,
Und habe satt zu essen;
B'darf für die Zukunft Nich:s,
Kann schlemmen, unterdessen!
Doch sieh, du weißt ja nicht,
Wie elend, nackt und blos,
Wie jämmerlich, wie arm,
Du bist, und — hoffnungslos!

3. Dein Gold ist ja nicht rein,
Ist nicht von Feu'r durchläutert, —
Ist nur ein blinder Schein,
Bethöret nur die Leute!
Kauf dir das Gold von mir,
Das wahrhaft machet reich;
Und weißer Kleider Zier,
Daß Schand und Blöße weich'.

4. Da deine Blindheit groß,
Bedarfst du Augensalbe,
Von Mir, die macht dich los,
Daß nicht die Welt dich halte.
Sei eifrig Buß zu thun,
Und meine Lieb erkenn;

Laß Weltenlust nun ruhn,
Zum Himmel dich nun wend.

5. Sieh! vor der Thür, Ich steh',
Hörst du denn nicht mein Klopfen?
Mach auf, bevor Ich geh',
Nachher darfst nicht mehr hoffen;
Wer meine Stimme hört',
Die Thüre öffnet weit,
Dort bin ich eingekehrt,
Zur größten Herzensfreud!

6. Mit dem werd Ich, und er
Mit mir, Abendmahl halten;
Wird der Versuchung Herr,
Ich werde in ihm walten.
In Straf und Züchtigung,
Du meine Liebe ermiß;
Erlöset wird, zur Stund,
Wenn überwunden ist.

Nach Off. Joh. 3, 11—21.

Mel. Aus dem Dörfchen da drüben.

13. Wie die Zeit doch verrinnt,
Die Stund ist bald da,
Daß man höret die Glocken,
Von Fern und Nah.
O Bruder, o Schwester, sag: wo bist du?
Ist dein' Seel' in Frieden, in Jesu Ruh?
Sie läuten und läuten, und ich und du,
Wir hören so gerne, dem Läuten zu.

2. Unaufhaltsamer — Tick — Tack,
Wie ruhig und still,
Zeigst uns wie die Glocke,
Bald schlagen will.
O selig wer wartend gefunden wird,
Wenn zuletzt uns nun rufet der himm=
lische Hirt,
Sie läuten und läuten, und ich und du,
Wir bereiten uns immer, zur letzten Ruh.

3. Wie das Rädchen im Schlagwerk,
Uns schnurrend thut kund;
So tönet das Röcheln,
Aus Todes=Mund;
Daß der Abschied des alten Jahr's
fängt an,
Und der Sel'gen Seele strebt himmelan.
Ja da läutet's und läutet, all überall,
Wenn d' Seel schwebt durch's Pfört=
chen 'n Himmels=Saal.

Mel: Wo findet die Seele die Heimath.

14. Das Jahr ist geboren! Ja
Gott ist getreu:
Das Alte verloren, jetzt wird Alles neu,
O Seele bist du auch von neuem ge=
bor'n?
Haft du bir den Heiland als Füh=
rer erkohr'n?
Sag', sag', sag', sag ist Jesus dein?
O dann wirds ein seliges Neujahr auch
sein.

2. Komm Heiland und führ' uns,
Du kannst es allein,
Ohn' Dich würd dein Schäflein, ver=
irret bald sein;
Doch, mit Dir, da kenn' ich nun für=
der kein Grau'n,
Du hälst mich, und werd ich dein Ant=
litz, einst schau'n.
Ja, ja, ja, ja, Du bist nun mein!
Ja, Seligkeit ist es, daß ich bin nur
Dein.

3. Führ' All uns, o Jesus, im lau=
fenden Jahr:
Laß bleiben, dein Eigen, die christliche
Schaar;
Hilf weben uud streben im Weingar=
ten, Dein,
Rett Seelen, o Heiland! rett Große
und Klein.
Leit', leit', leit', leit, deine Gemein,
Durch's Leben hienieden, zum ewigen
Heim.

Mel. Valet will ich dir geben.

15. Es naht des Jahres Ende,
Wir kamen her zu bir;
Wenn sich auch alles wendet,
Wir warten lieber hier,
In dieser letzten Stunde,
Zu Füßen dir, Jesu;
Bis jeder Ton verklungen,
Dann geh'n auch wir zur Ruh.

2. Breit deine beiden Hände,
Nun über diese Schaar;
In dieser Jahres=Wende,
Nimm uns gefangen gar.
Du bist der Erst und Letzte,
Das A ja und das O;
Dein Geist uns Alle tröste,
Und mach uns Alle froh.

3. Nach deinem heut'gen Worte,
Findst du uns „wachend" an;
So nahe, jetzt der Pforte,
Die bald wird aufgethan,
Uud wir zum neuen Jahre
Betend nun tretend ein;
Dann werden wir gewahre:
Es wird gesegnet sein!

Mel: Nun preiset Alle, Gottes Barmherzigkeit.

16. Danket nun Alle, danket für's
ganze Jahr,
Lobend erschalle, freudig und fröhlich
gar;
Womit wir heute Jesus preisen,
:,:Singet, o singet, die neuen Weisen:,:

2. Ein Jahr des Trostes; ein Jahr
des Segens, voll:
Ja Gott that Großes, für seine Kinder
wohl;
Drum wollen All' wir stets ihn lieben,
:,:Gottselig leben, in seinem Frieden:,:

3. Hebet der Hammer, zum letzten
Schlage auf;
Steh'n mir am letzten Tage des Lebens=
laufs;
Wird uns der Heiland Oben empfangen,
:,:Wenn wir schmalwegig, zum „Pfört
lein" gelangen:,:

Plattdüdsches

Gesang-Book

tom Gebruk vör de

„Stillen im Lande,"

de hier un dor in de Dörper sick versammelt.

Vun

H.⚜POHLMANN,

„Ok een Stiller."

NEW YORK.

Allgemene Inholt vun dütt platt-düdsche Gesangbook.

Herr, help mi; denn wüllt wi mine Leder singen, solang wi leben, im Huuse des Herrn. (Jesaia 38, 2ff.)

Anmarkung:

De Nummern (1, 8, 9, 27, 28, 39, 40) fünt vun dat Hochdüdsche överfettet, de annern fünt, original Dichtungen vun den Herutgeber, dörch Gabes Gnade, un alle in de Johren 1885 un 1886 entstahn.   H. P.

Ordnung

—vun den—

Plattdüdschen Gadesdeenst

—in de —

Düdsche Evang. Luth.

BETHANIEN★KARK.

NO. 87 & 89 ATTORNEY ST.✠NEW YORK.

Leed Nr............

Pastor:

Im Namen Gades des Vaders, des Söhnes un des hilligen Geistes.

Gemeende:

Amen! Amen!

Dat Sünden-Bekenntniß.

Pastor:

Jn den Herrn Beleevete.   Apened jug Harts; lat uns God unse Sünde bekennen, un in den Namen unses Herrn Jesu Christi üm Verge- bung bäden.

Pastor:

Unse Hülpe steiht in dem Namen des Herrn.

Gemeende:

De Himmel un Eerde gemaakt hett.

Pastor:

Ick spröck, ick will dem Herrn miene Övertredung bekennen.

Gemeende:

Do vergävst Du mi de Missedaht miener Sünde.

Pastor:

Ick arme Sünder bekenne nu God den Allmächtigen, de mien Erschaffer un mien Erlöser is, dat ick nich blot in Gedanken, dörch Wörde un dörch Dahten, mi versündiget hev an Em, sondern dat ick all in Sün- den empfangen und dorin ok geboren bün, so dat mien ganze Natur un ok mien Wesen straffarig un verdammlich is.   Deswegen flüch ick mi to siene grote Barmhartigkeit, söke un bäde üm Gnade.   Herr, wäs wi armen Sünder gnädig.

Gemeende:

De grote barmhartige God möge sick unser erbarmen un uns unse Sünde vergeben, un uns mit sienen hilligen Geist de Kraft geben, sienen Gadeswillen to dohn un dat ewige Leben uns schenken in Gnaden. Amen. (Singen.)

Paſtor:

De allmächtige un barmhartige God hett ſick unſer Aller erbarmet un hett ſienen eenigen Söhn vör unſe Sünde in de Dod geben, un hett uns of üm ſienetwillen vergeben, un givt alle Dejenigen of Macht Gades=kinner to warn, de an ſienen hilligen Namen glöben, un hett ſienen hilligen Geiſt verheeten. Wer dor glövet un gedöpet ward, de ward ſelig warden. Dat wull uns de leeve God doch Alle tokamen laaten.

Gemeende:

Amen!

De Introitus.

Dat Gloria Patri.

Ehr gäv dem Vader un dem Söhn un dem hilligen Geiſt, as dat was in Anfang, nu un ümmerdor, un vun Ewigkeit to Ewigkeit. Amen.

Dat Kyrie.

Herr, erbarm Di unſer,

Chriſte, erbarm Di unſer,

Herr, erbarm Di unſer,

Dankleed Nr............

Paſtor:

De Herr wäs mit jug.

Gemeende;

Un mit dienem Geiſte.

Paſtor:

Laat uns bäden.

Gemeende:

Amen!

Paſtor:

Vernehmet mit Andacht u. ſ. w. Amen.

Paſtor:

Laat uns nu Alle unſen Globen bekennen.

Predigtleed: No............

Predigt.

Collecte.

Gebäd.

Schlußleed Nr............

Segen.

Amen.

Mel: In dem Dörfchen da drüben.

1. Nun den Karkthorm dor Baben,
dor lüdt dat so schön,
Dor möt doch noch enige Christen wän;
:,: Se lüdet, un lüdet, un If un Du,
Wi hört doch so giern of dat Lüden to:,:

2. Wenn se lüdet so möt wi ganz
farig jo sin,
Tom Singen un Beden, so mag If't
lieb'n:
:,: Wi gevet de Klock eene grote Ehr
Denn dat Lüden is jümmer bedüdungs=
schwer. :,:

3. Un lüdet se an Sündag, wo
klingt dat so schön,
Denn möt wi tosammen to d' Andacht
tehn;
:,: Un schüllt dor versammelt, an'n
hill'gen Platz,
Ilt de Predigt vun Gob's Word, uns
hal'n een Schatz :,:

4. To de Döp un de Truung, dor
lüdet se of,
Dat is doch noch jümmer, so'n goden
G'brof;
:,: Un wenn uns de letzt Ehr ward an=
gedahn,
Denn möt all de Klocken den Ton an=
schlan. :,:

5. Holt man fast to de Karken, blievt
bi de Gemeen,
Lat jug mit de ganze Famili sehn;
:,: Dörch de Kark, to den Himmel so
schallt sin
Dat alleen is de Weg för 't Gabes=
kind. :,:

Mel: Blick nur auf Jesum.

2. O du schöner Morgen,
Nah de sanfte Roh;
Mi drückt keene Sorgen,
Bün so hartensfroh.
Winkt de Herr so leevlich,
All sien Kinner jo;
Kam't He röppt so fründlich,
Kam't, un hört Em to.

2. Jesus uns Erlöser,
Mit sien holde Stimm;
He de grote Tröster,

Will jo mit uns sin.
O singt Jubelleder,
Singt ut Hartenslust;
Of dien Klag, du Möder,
Her du bringen mußt.

3. Hier an hill'ge Stätte,
Luter Segen flütt;
„If bün mit jug" seggt He!
Fründ, to Grot un Lütt.
Alle sünt willkamen,
Schwache ward hier stark;
Jesus kumm segg: Amen!
Lerr uns Himmelward. .

Mel; Jesus Lover of my Soul.

3. Alles Fleesch wäs still doch hier,
Laat uns sammeln in 'n Gebäd,
Uns Gedanken, dat wi hör'n.
Un of blievt in Andacht stets.
Denn God hett sick upgemaakt
Uns to helpen, dat wi stark
Ward, to kämpfen gegen Sünd,
Un so blievt, des Herren Fründ.

2. He kümmt vun sien hill'ge Städ,
Her to alle Minschenkind;
Doch in 't Gadeshuus, wi wät,
Weiht sien hillig Geisteswind.
Drüm mien Seel is still to God,
He helpt mi ut miene Noth,
Leeve Herre schwiege nich;
Süh, o Jesus, buist mien Licht.

3. Diene „Stillen in dem Land"
Hebbt de Fiende so gor veel;
Falsche Saaken bringen f an,
Wedder unse arme Seel.
Schaden müggten f' uns andohn,
— Dor! Dor! — roopt se, vuller Hohn,
— Dat seht wi geern — seggt se, Herr
„Wenn, uns, Drövsal drücket schwer.

4. Schwieg nich Herr un fern nich
wäs
Wi sünnt still, un tövt up di
„Wäs still un erkennt" — wi läf't
„Dat if God bün" — steiht dorbi.
In dien Tempel büst du nu;
Of in mien Hart wahnest du;
Laat dien Geistesregen falln,
Dat wi — Niegeborn' — hört lanll.

5. Wenn wat Grotes schall geschehn,
Wenn ne grote Gades daht;
Hier un dor künnt wi't jo sehn,
Is beschlaten in sien Rath;
Ward dat sülbst in'n Himmel still,
Dat kann lesen,wer dor will.(Off:8,1.)
Stille nehm if diene Hand,
Bring mi Herr, in 't Vaderland!

Mel: Es ist gewißlich an der Zeit.

4. To di sünt wi gekamen Herr,
Un 't is nu heller Morgen;
An düssen Dag hebbt wi nich mehr
Vör 't däglich Brod to sorgen;
As in de Wöst', 't Volk Israel
An 'n söften Dag sammelt so veel,
So hebbt wi Segen funden.

2. Vör 't lieblich Leben hebbt wi
                              satt,
Doch wüllt wi Bet'res finden;
Wat helpt all Riefdom, un all Staat,
De Süüd to överwinnen?
Dat hölp jo Nicodemus nichs,
As he to Jesus köm ganz fix,
Noch in de Nacht geloopen.

3. Sülbst siene schmeichlerische Red',
Up schierst keen Indruck maaket;
Jesus de wies't em glief sien Städ,
Un wo dat bi em hapert.
Gewaltig dun verfiert he sif,
As de Meister vun „Nieg'burt"spricht?
Dat kann he nich verdauen.

4. „Wahrlich, wohrlich!" — de Hei=
                              land säd:
„Wenn du nich nieg=geboren;
Up 't Himmelrief du höp'st vergevs;"
D, wat müßt he, erfohren.
„Wo kann een Minsch, wenn old he is"–
Seggt he, to den Herrn JesusChrist=
„Noch mal geboren warden?"—

5. In 'n Düstern, Jesus keenen lett,
Drüm antword he sofaaken;
„Ut Water un ut Geist" he hett
Em 't düdlich möten maaken.
Dat Water wascht de Sünden af,
De hillig Geist, versiegelt dat;
D Minsch), kannst du dat faaten.

6. As Nicodemus, Mennig röpt:
„Wo mag dat wull togahen?" —
Büst du een Christ, un noch nich
                              glovst,
Wiel du 't noch nicht erfohren.
D glöv du doch wat Jesus seggt,
He hett dat klor nog, hier dahl leggt,
D bäd! He gwt di Globen.
Nach Joh: 3, 1—11.

Mel: Nun ruhen alle Wälder.

5. Bald ward de Abend kamen,
Drüm ravet All tosammen,
Den truen, leven God.
He hett bewahrt uns Leben,
Un groten Segen geben,
Wi wüllt em danken, bet in'n Dod.

2. D kamt in jungen Johren,
Herin in 'n Gades Goren,
Un fanget ernstlich an;
Mit Reue un mit Bote,
Un spor't jug sülbst de Rode,
De Straf süs nich utbliben kann.

3. Töwt nich bet kümmt de Krank=
                              heit,
Wäf't aber ümmer bereit,
To folgen dienen God.
Vertreck nich dat fromm warden,
Du müßt süs ganz verharden,
Un fallen in den ew'gen Dod.

4. Wer sienen Gott will denen,
Dörft hebb'n keen weltlich Sehnen,
Dat he nich God versöft.
De Morgen deiht nich harren,
Vör Abend 't kann anners warden,
Dat lang Besinnen nümmer dögt.

5. De Satten ward wer'r hungrig,
De Riesen arm un lung'rig
Gesunde sünt bald krank.
Sünner wäs nich balstörrig,
Bedenk dat End gehörig,
To Jesus rönn, he töwt all lang.
Sirach 18, 22—29.

Me: Ach bleib mit deiner Gnade.

6. Segg nu to Allem: „Amen"!
Du leve Vader du;
To di sünt wi jo kamen,
Gib uns dien Segen nu!

2. Lat unser ganzes Leben,
Een Gadesdeenst doch sin;
Dien Engel uns umschweben,
T ien Word uns Lüchte blieb'n.

3. All 't Bös' vun uns afwende,
All Sünd, und Schann, un Noth;
Un wenn nu kümmt dat Ende,
Bring uns to di, o God!

4. Dütt bäd in Jesu Namen,
Tien armes lüttes Kind;
He, hett uns an so nahmen,
Drüm wi so bäden künnt.

Mel: Nun ruhen alle Wälder.

7. Up di blickt miene Ogen,
Wenn Dröösals Wellen toben,
Herr Jesus hol mi fast.
In mien Hart hest du geben,
De erste Leev, mien Leben,
In di hev ick blot Fred' un Rast.

2. Wi gaht nu uteenanner.
Doch blivt dat Krüzesbanner,
Säker in diene Hand.
Dor sammelt wi uns, Kinner,
So lang wi blievt hier ünner,
Bet du uns röpst in 't Vaderland.

Mel: Valet will ich dir geben.

8. Laat mi dien sien un bliben,
Du troe God un Herr,
Vun di lat mi nich drieben,
Hol mi bi diener Lehr
Herr, lat mi blot nich wanken,
Giv mi Beständigkeit,
Dorvör will ick di danken,
In alle Ewigkeit.

Mel: Liebster Jesu wir sind.

9. Unsen Utgang seg'n uns God,
Unsen Ingang glieker maassen;
Segen uns unser däglich Brod,
Segen unser Dohn un Laaten;
Segen uns mit selgem Starben,
Un maak uns to Himmelsarben.

Mel: Gott des Himmels un der Erde.

10. Hallelujah! Hallelujah!
Düt is doch een Freudendag.
Un noch eenmal Hallelujah!
Wiel if't so geern singen mag.

Un uns Herrgott hett uns geern
Mag of geern uns „Plattdüdsch"hör'n.

2. Wat mit Zittern is begunnen,
Steiht hüt grot un säker dor;
Jeder een hett dat utfunnen,
Dat düt Wark ut Gott, vörwohr.
„Minschenwark möt jo vergahn,
Gades Rath schall ümmer stahn."

3. In'n Corinther künnt wi lesen
Wat us allen nödig is-
„Düdlich möt de Rede wäsen,
Süs in'n Wind geredet is."
Un uns plattdüdsch Spraak is klor,
„Dropt dat Hart", segg: is't nich wohr?

4. Mit den Heiland müßt wi win-
nen,
Dämpen, kann keen Minsch „Sien"
Wark;
Mit „Em" deden wi beginnen,
Un seht, hüt noch „Himmelwarts"
In „Em" mit „Em" blievet wi,
Minschenfurcht de kennt wi ni.

5. In Demoth wüllt wi nu wedder,
Frisch an unse Arbeit gahn;
Minschenseelen, noch to retten,
Dörft wi fuul an'n Markt nich stahn!
Jesus, Jesus, maakt uns froh,
Föhr't uns ok to d'letzte Roh!

Nach Ap. Ges. 5, 38, 39.

Mel: O daß ich tausend Zungen 2c.

11. Hier sünt wi fröhlich nu to-
samen,
Hier fieret wi een schönes Fest;
Dat Ahrn= uu Dankfest is nu kamen,
Drüm singet wi up allerbest;
Den Dank den wi vun Harten föhlt,
Den wi uns Herrgod schüllig sünt.

2. De Eerd is vull vun Diene
Göder,
Den besten Weten gävst uns, Du!
Dor's Graß genog vör alle Höder
Eer Schaap, de füllt den Anger nu;
De Auen stün'n so dick mit Korn,
Oh' wat wär dat, för'n riefe Ahrn.

3. Dat Fest to fieren heft befahlen,
För Riek un Arme, dat is klor;
Doch möt den Teihnten wi ok tahlen,
Den ward de Segen gröter gor;
De Teihnt, vun Allen, hillig is,
Drüm gift jo willig jede Christ.

4. Drüm laat uns fröhlich Gaben
    bringen,
Tom Huse Gades jümmerdor;
Wi ward dat hunnertfoltig sinnen
To düße Tied, in't anner Johr.
Dat ward een lustig Singen sin,
Wenn wi de Ahrn den bringet in.

5. Nich möd' ward du mit Godes
    dohen,
Seih' jümmer't Beste, wo de Noth;
De Tied kümmt bald, dor kannst du
    rohen;
De Zeden sinnt, dat is de Dod.
Nahst kannst du ahrn, ahn uptohörn,
In'n Himmel will di Jesus föhr'n.

Mel: Mir nach spricht Christus.

12. Worüm wüllt du den töven
    noch,
Du hörst den Herrn doch ropen?
He hett vör di jo Alles dahn
Kannst süs keen Hülp nahr'ns kopen.
Maak gau! Maak gau! he tövt up di
Nahst is't to lat, he geiht vörbi.

2. Timäi Söhn, seh di mal an,
Het heser sick schier ropen;
De Minschen dehn sick ünnerstahn
Mit Drohen em to stoppen.
Doch Bartimäus schreet noch mehr,
Sien Heiland, „Jesus" müßt dorher.

3. „Wäs still, stah' up, He röppt di
    jo",
Ward em de Jünger seggen;
So röppt ok di, Gods Wort, hüt to;
Nu latt di Sünner trecken.
Wullt du dien Jesus laten stahn,
Un schall dien Seel, verloren gahn?

4. Den Bettlerrock, sien eegen Kleed,
Dat schmitt he wiet na hinnen;
So möfst ok du dien Sündenfäd,
Bun dienen Körper binden.
He stünd dun up un ging dorhen
Wo he sin „Een un Alles" fünn!

5. Wat tövst du noch, wullt noch
    nich gahn
Wullt di noch lang besinnen?
Hüt is de Dag, hüt sühst Em stahn,
Hüt let He sick noch finnen.
O kumm to Jesus, kumm doch gliek,
Ward Börger vun dat Himmelriek.
Nach Marci 10, 49.

Mel: Befiehl du deine Wege.

13. Erret jug nich, ji Minschen,
God let sick spotten nich;
He hett de Strafen farig,
For Spotter, in't Gericht.
Wat du seih'st, mötst du ahren,
Du krigst, to diener Tied,
Dat Unglück bald gefohren,
Dien Ahrn is nich mehr wiet.

2. God ward de Spötter spotten,
Süh dütlich steiht dat hier;
Drüm, wull den'n, de nich sitten,
Wo Spötter sitten schier.
Se sünt de Lüd een Grugel,
Möt dräg'n ehr Schand alleen,
Möt kiefen nahsten schwuel,
Wenn's uns in'n Himmel sehn.

3. Unner sick ward's dor reden,
In Angst un Ungemach:
„Dat is De, den wi helen,
Vör Spott un för 'ne Schmach!
Süh dat is unse Trost jo,
Dat God up uns hett Acht;
In sinem Word he seggt't so:
„Hört den; de ward verlacht?"

4. Old Mose un Elisa,
De harrn veel Ungemach;
Ok David un Jesaja,
Propheten, harrn veel Schmach;
Un gor nu unse Heiland,
De Spott har schier keen End;
Un All'n is dat jo bekannt
Wo 't sick to uns hett wenn't.

5. Drüm wüllt wi uns nich g'sellen,
Noch freien uns mit jüm;
Wi wüllt uns Feld bestellen,
Mit Good's dohn rund herüm.
Den ward wi Segen ahren,
Wull hunnerfältiglich;
'Ne fort Tied schallt noch wohren,
Sünt selig ewiglich.
Nach Galoter 6, 7.

Mel: Auf denn die Nacht wird kommen.

14. Stark maakt de möden Hände,
Laat se nich roh'n in'n Schoot;
Erquick doch ok dien Knee di,
Denn 't is grote Noth.
Wullt du 't Himmelrief arben,
Denn fang de Arbeit an:
Denk an de Seelen, starbend,
O pack du man an.

2. Süh eene Bahn schall wäsen,
As de Prophete seggt;
Dat wi so düdlich lesen,
As wär 't hüt erst seggt.
Düs „Bahn" is uns Herr Jesus,
De sick een „Weg" sülbst nennt;
Un schall ok „hillig" wesen,
T is, as wi em kennt.

3. Selig wer den Weg wandelt,
De hier is „hillig" nöm't;
He is ok rein, anständig,
O wo angenehm.
Weg möt Unreine blieben,
Düdlich sünt s' utgewies't;
För düt schön Wort Herr Jesus,
Wäs du stets gepries't.

4. Gad'skinner schüllt dor wandern,
Dat is düdlich to sehn;
Un denn, vör allem annern,
Irrig, künnt s' nich wän.
Säfer genog för Dörig',
Na wat is 't denn för mi?
Troe Jesus, schallst uns finden,
Stah Du uns man bi.
Nach Jesaia 35, 3, 8.

Mel: Liefster Jesus wir sind.

15. Kamt wi wüllen wedder hen,
To den leeven Herren gahen;
Wo wi füs uns hen dehn wen'n,
Ded't wi keenen Fredt empfahen.
He alleen, nimmt vun uns Harten,
Alle Pien un Angst un Schmarten.

2. He hett wull terreten uns,
Doch 't was üm de Sünde willen;
Weg, weg, mit de Lögen=Kunst,
Laat de Reu uns Hart erfüllen,
Bote dohn, un fast jo globen;
Kneet an 't Krüz un schlut de Ogen.

3. Jesus will uns wedder heel'n,
Kann uns nich so lopen laaten;
An Gad'skinner schall 't nich fehl'n,
'T is von Anfang so beschlaten.
Drüm so laat uns wacker wäsen,
Flietig ler'n un bäd'n un lesen.

4. Mennig een vun uns is schlag'n,
Doch, ut troe Lev 't ist kamen;
Gades God' flütt ümmer bab'n,
Drüm segg man to Schläge: Amen!
Jede Wund deiht he verbinnen,
Nimmt, ganz heel, uns eenst vun hin=
nen.

5. O mien Heiland, dank wäs di,
For dien grotes Wark up Eerden;
Keener ward verstödt vun di,
Wenn s' doch All di folgen würden.
Hest uns redd't, in dien Erbarmen,
Redd noch meenig vun de, Armen.

6. Wunnerlich sünt diene Weg,
Un verborg'ne Steg du fohrest;
Fast Vertrugen du uns gev,
Alle uns Gebäd du hörest.
Dien Hand laat mien, fast jo faaten,
Bet to d' Himmelsport, de 's apen.
Nach Hosea 6, 1.

Mel: O thou Fount of every blessing.

16. Segg kennst du den Strom,
de stille
Flütt dörch't ganze Land dorhen;
An de Overs staht de Bohme,
De dor for dat Leben sünt.
Oh lat dat vörbi nich lopen,
Wat du nu noch hebben kannst;
Nahst denn kannst du dat nich kopen,
Wenn du sülbst ok, noch so bang'st.

2. Süh de Strom he hett dat Leben,
Un bringt 't överall mit sick;
Doch de Dod de flütt dorneben,
Rechts un linksch; dor döcht dat nich.
Wullt du 't Leben, möt'st du streben,
Dat du büst in rechter Bahn;
Jesus Christus will di 't geben,
Lat „Em" nich voröver gahn.

3. „Alles schall gesund jo warden"
So steiht schreben, les doch nah;
Beter kann keen Krankheit warden,
Dat is hiernah apenbor.
Alle Utsatz vun de Sünden,
Alle Placken, Lastertram,
Ward verschwinden, bi desen'gen
De den Strom tom Arzt hebbt nahm.

4. Kumm mien Broder un du
              Schwester,
Maakt dat den Naeman nah;
Warst jo sünst doch gor nich bäter,
Strüw di nich, nah Jesus gah!
Süh denn warst as nieg geboren
Warst noch eenmal wedder jung
Nümmer nich geihst denn verloren
Nimmst dien Heil ut Gades-Mund.
              Nach Hesekiel 47, 1-12.

Mel: Weicht ihr Berge, fallt.

17. Nich erschrecken, noch ver-
                        decken
Let sick unses Gades Wark;
Alle Bosheit möt verschrecken,
Apenbor ward böse Art;
Jesus is dat Licht der Welt,
Överall de Strahl henföllt.

2. Süh de Heiden sülbst sünt kamen,
Up 't Fest to Jerusalem;
Philipp hebbt s' bisied do nahmen,
Heemlich hebbt se seggt to em;
„Herr wi wull'n giern Jesum sehn„
Drüm wi dehn vun Huse tehn.

3. Philipp weet sick nich to helpen,
He fragt bi Andreas an.
Un de Beiden gaht tosamen,
Bet se hen to Jesus kam'n.
„Wohrlich, wohrlich! Jesus spricht:
Jetzt de Tied heran is rück't."

4. Seht doch hüt de groten Scharen,
Up de Eerde, överall;
De de Wohrheit hebbt erfohren,
't is de grot Posaunenschall!
Jümmer luder ward de Tön.
Bet wedder kümmt de Gadessöhn.

5. All de Mohren, hebbt erfohren,
Wat vör'n Heil de Welt geschehn;
Jesus Alle deiht verkloren,
Mögt se noch so düster sehn!
Nord und Süd un Ost un West,
Alle kamt to 't letzte Fest.

6. Jümmer luder ward dat Tönen:
—„Herr wi wull'n giern Jesum sehn"—
Noch is 't Tied för jug, de Höhnen;
Kamt, kamt nu, noch künnt ji 'n sehn.
„Höder is de Nacht schier hen?"
So roopt wi, dorüm maakt schwinn.

7. „Dusend Johre, sünt as eenDag"
So steiht hier in unse Schrift,
Noch een Dusend „as een Nachwach"
Un denn kümmt dat grot Gericht.
—„Höder is de Nacht schier hen?—
Oh wat ward de Morgen bring'n!
              Nach Joh: 12, 21.

Mel: Es harrt die Braut so lange:

18. Herr du hest överredet mi,
Ick kunn mi nich mehr helpen;
Dat weltlich Wesen hölt jo mi,
Dor hölp nich Drohn noch Schelten:
Doch Jesus dienen sanften Roop:
„Kaamt All to mi, ick help jug ok!"
De hett mien Willen braken,
Hev mi öv' reden laaten.

2. Du büst doch gor to stark mi
                          west,
Dat will ik fri bekennen;
Ob gliek ik hev, mi strüv't up 't best,
Ick müßte üm mi wennen.
Un nu mien Heiland, o wo schön,
Mag ik doch nahrens lever wän;
In Di, mien Heil, hev 'ck funnen,
Ja Jesus! — Du hest, wunnen!—

3. Ward ick ok däglich noch tom
                          Spott,
Möt mi utlachen laten;
So is doch nich so grot de Noth,
Mien Jesus will 't wull maaken:
Dat ik nich ganz un gor vrgah,
Is de Noth grot, denn is He nah',
—Ja Jesus, is jo mien Fründ!—
Ja selig de, de Em find't.
              Nach Jeremia 20, 7.

Mel: Ach bleib mit deiner Gnade.

19. Ik övers, will stets blieben,
Bi mienen God alleen;
Nicks schall mi vun em drieven,
Un bald dörf ick, em sehn.

2. Un mien Huus, will ick lenken,
O Jesus! stah mi bi,
All's wat du mi debst schenken,
Dat Nümms wend't sick vun di.

3. Wüllen, dem Herrn blot, folgen,
Nich wieken ut sien Weg;
He ward sien Engel schicken,
To römen Weg un Steg.

4. Deenen! dem God in'n Himmel,
Dat is wat wi wüllt dohn:
Rein blieb'n dörch't Weltgetümmel,
De — „Troen" — kriegt de Kron.

Nach Josua 24, 15.

Mel: Straf mich nich in deinem Zorn.

20. Wenner d' Öllsten stünn
dat Lamm,
As dat was erwürget;
Söben Hörner, staht dor stramm,
Up sien Kopp gesettet;
Un dorto, hett he jo,
Ok noch söben Ogen,
De künnt nümmer drogen.

2. Un dütt Lamm dat nehm dat
Book,
Dat füs Nümms kün ap'nen;
De in'n Himmel, up Eerd ok,
Dörften 't nich anfaaten
O wo froh! dat dütt so,
Künnt wi Sünner wäsen,
Jesus blot, dörf 't lesen.

3. Dorup güng de Jubel los.
Niege Leder süngen!
—Würdig büst, du Lamm, so blos —
Stimm un Harpen klüngen.
Up to dohn, vör den Thron,
Alle söben Siegel,
Alle Schlöt un Riegel.

4. Golden Schalen vull Röckwark,
Hebbt wek in de Hännen;
Hillge, bädet vun ehr Hart,
Dat sick Sünner wenden.
O süh dor, dat steiht klor,
Hier jo dahl geschräben,
In dat „Book vun 't Leben.

5. O du Gadeslamm, erwörgt,
Vör arm Menschenkinner;
Hest bi 'n Vader di verbörgt,
Köft mit Blot uns Sünder.

Un hest maakt, in dien Gnad,
König uns, vör ümmer,
Prester ok, nich minder

6. Hör doch wo de grote Stimm,
Seggt: dat Lamm is würdig:
Kraft un Riekdom, Weisheit nimm,
Ehr, Pries, Leo, gehört di;
Drup seggt All, överall,
Amen! Amen! Amen!
In Ewigkeit! Amen!

Nach Off. Joh. 5, 6—14.

Mel: Wie schön leucht uns.

21. Ick heve miene Ogen up,
Dor Baben up de Barge, rup,
Bun de mi Hülp ward kamen;
Denn miene Hülpe künnt vun 'n
Herrn,
Un is jo nümmer nich sehr fern,
He let mi nich ümkamen.
Sünder, Kinner,
O kamt Alle, lab't mit Schalle
Unsen Vader. He will sin uns best
Berader.

2. Himmel un Eerde he het maakt,
Un he behöd 't uns, wenn wi schlapt,
Let unsen Foot nich glieden.
Süh he is Höder Israels,
Un nümmer schlöpt, so uns vertellt,
Sien Word, o laat di 't wiesen.
Kamt jo; wäs 't froh.
He behöd't uns, ok bedeckt uns,
Ganz sien Schatten.
Gävt jug, Em, ji Möd' un Matten.

3. Des Dag's de Sünn nich stäten
schall,
Un Nachts de Mand, all överall,
De Glöv'gen lett mit Freden.
Vör allem Övel uns behöd't,
Un unse Seele nich bedröv't,
De God, de uns deiht leeven.
Utgang; Ingang.
God behodt uns, un is mit uns,
O, de grot Freid!
Bun nu an, bet in, Ewigkeit!

Nach Psalm 121.

Mel: Wer nur ben lieben Gott.

22. Wo levlich fünt dor up de
Barge
De Baden Gades, be hentehn;
Nah sienen Rath to'd Volt, dat Arge,
Un nich up eenen Lohn hensehn;
Se bringt den Freden to dat Hart,
Un wiest't be Minschen himmelwarts!

2. Blot Goodes kamt se to verkünden,
Denn Böses sinn't se, allerwärts:
Se wät de Sünners uttofinnen,
Se wünschet dat se Seelen redd't.
Se rohet nich bi Dag, bi Nach,
To helpen, sünnt se stets bedacht.

3. Dat „Heil in Jesus" doht se
bringen,
To 't arme kranke Minschenkind;
De Wedfru un de Wais dohts sinnen,
In Armot se „to Huse" sünnt.
Se fürcht sik schier vörm Dode nich,
Doch. vör de Sünde, fürcht se sik.

4. „Dien God is König" dat sünnt
Wörde,
De Freide bringt dem Gadeskind;
Bun enem bet tom annern Orde,
Düs Baden, düsse Botschaft bringt.
Se kloppt an jede Hartensdöhr.
Un spräkt in alle Hüse vör.

5. Dat 's Jesus, de sik so deiht
melden,
He müggt so giern bi di intehn;
He fragt nich sülbstgerechte Helden,
De „Demot" mag He lever sehn;
Drüm krup to Krüze, leve Fründ,
Nimm Em in't Hart, ward Gades=
Kind.

Nach Jesaia 52, 7.

Mel: Laß mich geh'n 2c.

23. Levlich sünnt, leevlich sünnt,
Alle Föt vun Gadeskind';
Wenn se gaht, up Siene Wege,
Wenn se finndt de Globens=Stege
De alleen blot richtig sünnt!

2. Freden künd'gen, Freden bringen,
Dorto sünnt se angebahn;

Up be Barge sünt 's to finden,
Nich in Weltlichkeit s' sik winden;
Frie vun Sünd un Schand se gahn.

3. Goodes preb'gen, Goodes preb'gen,
Bör de armen Minschenkind;
Deiht uns Herrgod se jo senden,
Um de Harten ümtowenden,
Dat se 'n Weg tom Himmel findt.

4. O wat Gnad! O wat Gnad!
Dat düt Heil verkündet warbt;
„Dien God 's König" o so laat,
Di doch föhren, to sien Hart;
Lenk bien Föt ok Himmelwart.

Nach Jesaia 52, 7.

Mel: Wer nur den liebten Gott läßt.

24. Wi güngen Alle in de Jrre,
As Schaape de den Weg verlorn;
Wenn Veele nu ok to de Heerde,
(Getellet sünt as uterfohr'n;
So sünnt doch Veel noch afgewennt,
Un Jedereen, sien Weg, blot rönnt.

2. All Sünd hett God up Jesus
legget,
De grote Last alleen He drög;
Sien Mund hett nich een Wort ge=
segget,
As straft he, un gemartert würd
(Een Lamm dat man to Schlachtbank
föhrt.
(Een Schaap dat man be Wull af=
scheert:

3. Gegen de Pieniger verstummt he,
Un alles büht ut Leev to uns.
Ja dörch sien Dod, dor överwun'd he
Ok unse bittre Dodesstund.
Denn siene Daht gellt jo för mi,
Maakt mi vun allen Sünden fri.

4. Ut Angst un Gericht, is he nahmen,
Sien Lebenslänge, keen utredt;
As Godlosen, hebbts em begraben,
Obgliek as 'n Rieker, he afschedt,
Keen Unrecht un ok keen Bedrug
(Een Minsch em je nahseggen mugg't.

4. Ut Angst und Gericht is he nahmen
Sien Lebenslänge, keen utredt;
As Godlosen, hebbts em begraben,
Ob glick as'n Rieker, he afsched't,
Keen Unrecht un of keen Bedrug
Een Minsch em je nahseggen mugg't

5. Drüm ward he nu of Samen hebben
Wiel he dat Schuldopfer is west';
De Fülle ward em God erwecken,
Wiel sien Seel so gearbeid't fest,
Dörch sien Erkenntniss, Gades Knecht,
Gor Veele maket nu gerecht.

6. Tom Bute ward em'n grote MLenge
De Starken he tom Robe krigt;
Drüm wiel he sick in Henkers Hände,
As Ovelbähter, selbst hengivt.
Gedragen hett he veele Sünd,
Hu vör sien Fiend, he bäd, as Kind.
Nach Jesaia 53, 6—12.

Mel. Aus tiefer Noth schrei ich.
25. Up deihst du dienen hill'gen Mund,
Ju diener Jünger Mitte;
Un makst mit holden Wörden kund,
Dien Lehr Herr Jesu Christe.
Help du of uns, du leeve Herr,
Dat wi verstahen, mehr un mehr,
Dien Word der Seligpriesung.

2. Selig sünt, de dor geistlich arm,
Doch rief in diene Bande;
Dat Himmelrick is eer, keen Harm,
Keen Satansstrick se fange.
Un selig sünt, de dragen Leed,
Se Trost in Overfloot geneet;
Labet un pries't den Herren.

3. Selig süut de Sanftmödigen,
Wat ümmer se of liedet;
Besitten ward dat Erdrick se,
Obglick s' nich dorum striedet.
Selig de hungert un of dörst'd
Nah de Gerechtigkeit, du hörst
Dat se of satt schüllt waren.

4. Selig sünt de Barmhartigen,
Denn se ward s' sülbst erlangen;
Selig, de reines Hartens wän,
Denn God warden se schauen.
De Friedfertigen selig sünt.
Denn se schüllt heten Gades-Kind;
O welke grote Gnade.

5. Selig, de üm Gerechtigkeit,
Sick möt verfolgen laten;
Dat Himmelrick, is eer, so steiht
Hier schreben, wer kann't faaten.
Selig, wenn jug de Minschen wüll'n
Schmähend verfolg'n, um mienet willen
Wenn se doran dohn lögen.

6. Ja denn wäst fröhlich un getrost,
De Lohn ward jug dor Baben,
So hebbt se de Propheten oft,
Verfolgt, doch hebbt sülbst Raben,
Bun God gesendet, in de Noth,
Ja Engel sülbst, as dor bi Lot,
Alles, tom Besten wendet.

7. Ji sünt dat Solt; ji sünt dat Licht,
Als Solche möt ji wandeln,
Gebruk dat Word, de Wahrheit sprick
Dien Licht lat nahrens mangeln.
Düt is de Lehr de Jesus lehrt,
O gah doch Keener nu verkehrt,
Laat uns hiernah un handeln:
Nach Matth. 5, 1—16.

Mel. Lobet den Herrn, o meine Seele.
26. Un sienen Namen schast „Jesus" heten,
So Joseph hört den Engel segg'n:
He ward—un dat is sehr wichtig to wäten,
Sien Volk— de sick vun God afwennd'n
Selig maaken—wenn se wüllt hör'n,
Vun eere Sünden.—He deiht 't geern.
Hallelujah! Hallelujah!

2. Dorüm o laat uns den Namen röhmen,
Denn of wi Alle, sien Volk sünt;
Glick nah de Schäpers, de Wiesen kömen
Ut eerem Land' de Stern te winkt.
O kamet All! labet mit Schall,
Sien hillgen Namen, överall!
Hallelujah! Hallelujah!

3. Sühst du, vun wiet, un wo' geern se kamen,
Un bröchten veele Schätze mit;
Lernt of de Wiesheit, kamt All tosamen
Wiel uns de Herr noch Lenkstern is.
An is sien Licht noch överall,
Bald hört wi den Posaunenschall!
Hallelujah! Hallelujah!
Nach Matth. 1, 12.

13

Mel: Laß mich geh'n laß mich geh'n.

27. Laat mi gahn'n, laat mi gahn
Dat ick bald to Jesus kam!
Miene Seel is vull Verlangen,
Em up ewig üm tofangen,
Un vör sienen Thron to stahn!

2. Du mien Licht, du mien Licht,
Sünne, o verlaat mi nich!
O wenn ward ick mit de Framen
To di in den Himmel kamen,
Um to sehn dien Angesicht!

3. Ja wo schön; ja wo schön:
Wenn wi as de Engel seh'n!
Har ick Flögel, har ick Flögel,
Flög ick över Dahl un Högel,
Bet ick hen na Zion keem.

4. Wat ward't sin, wat ward't sin,
Wenn ick kam in Salem rin.
In de Stadt mit golden Straten,
O ick weet mi nich to laaten,
So grot ward de Freide sin.

5. Paradies, Poradies,
Wo schön diene Frucht wull is?
Unner diene Lebensbömen
Ward 't uns sin, as wenn wi drömen,
Bring uns, Herr, in 't Paradies.

Mel: Where hast thou gleaned to-day,

28. Stah still, mien Fründ! "Wo
wullt du hen?"
Kanst mi wull dröber Utkunft geb'n?
Nich Niegihr drift mi to de Frag:
Nich Owermoth, dat ick dat wag!

Ick gah hier min Weg henlank,
Bün nich gesund, bün ok nich krank:
Heff noch gor nich dröber dacht,
Un doch kümt bald de lange Nacht.

Chorus.
"Wo wullt du hen? Wo kümst du her?„
Slöv mi de Frag wigt gor to schwer!
Bald kümt de Dod, alleen vör di,
Den is 't mit Höpen, ganz vörbi.

2. Wullt du de Seligkeit erwarb'n?
Mötst hier up Eerd vergeben warn;
Nimst hier nich dienen Heiland an,
Denn mötst du schier verloren gahn!

Wat schal ick dohn, o segg mi,
Dat ick vun Sünd und Schann kam fri:
Ick bün meist vertwifelt nu,
Mien eenzig Fründ, dat büst doch du!
Chor.
"Wo wullt du hen? Wo kümst du her?„ ꝛc.

3. Nich ick, nä; Jesus is dien Fründ!
För Alle de verloren sünd,
Hett he sien Leben geern hergäb'n;
Dütt glöv du, un den schaft du leb'n!

Ick ut Sünden kam dorher,
Schal blot glöben und dohn nicks
mehr?
Ja, mien Jesus, kum, nehm mi
As ick bün; ick blieb bi di! Chor.
"Wo wullt du hen? Wo kümst du her?„ ꝛc.

Mel: Herr Jesu Christi, dich zu uns ꝛc.

29. Di is gesegget, wat to dohn,
Dat is keen Unsinn, is keen Drom,
"Minsch" seggt de Prophet, dat meent di,
Meent alle Lüde, meent ok mi.

2. "Wat good is" fördert God vun di,
Dat Böse, will he hebben nie;
Un wullt du sien en Gadeskind,
So schlag, düt Word, nich in den Wind.

3. Sien Word dat schüllt wi holen giern
Un laten Sünde in de Feern;
Dorüm heff up di sülwsten acht
Un doh du Alles mit Bedacht.

4. "Un Leve öben" is dat Negst,
As wi in düssen Spröke les't;
Doch drive dat, mit allen Fliet,
Bi Jederman, to jede Tied.

5. "Demödig weß vör dienen God",
So steiht tolezt hier in 't Gebot;
Den Stolzen, kan uns God nich sehn,
Hoffahrt ward nich in 'n Himmel dreb'n!

6. Demoth un Sanftmoth, lernt vun mi
So röppt uns Jesus: Kamt herbi.
Ick help jug Alle ut de Noth,
Un gev jug All, een selgen Dod!

Nach Micha. 6, 8.

Mel: Freu dich sehr, o meine Seele.

30. As de errend Schaap wi wär'n,
Wüßten nich den Weg to finn'n;
Luter böse, weltlich Lehren,
Planten f' uns in unsen Sinn.
Abers nu is anners worn:
„Jesus söcht wat is verlorn;
He hett sick vör uns hengäben,
Dat wi müggten ewig leben.

2. To den Höder sünt w' bekehret,
To den Bischop vun uns Seel;
Folgt wi den, wat de uns lehret,
Künnt wi gahn, nümmer fehl.
Up dat böse Marterholt,
Hüng vör uns bet he wär kold,
Unse Heiland, as een Opfer
Vör uns, He is nu uns Mittler.

3. Dörch Em afgestorb'n der Sünde
Lebet der Gerechtigkeit;
Alle de den Heiland fünden,
Em to folgen sünt bereit.
Dorch sien Wunden sünt se heel,
Satan hett an se teen Deel;
Wenn se ümmer „Vorwarts" streben,
Ward se ewig, selig leben.

Nach 1 Petri 2, 24, 25.

Mel: Aus meines Herzens Grunde.

31. Danket dem Herrn ji Christen,
Un predigt sienen Nam.
Verkündigt all sien Dahten,
Wo ümmer ji henkamt.
Sing vun em, lowet sehr,
Lat hören siene Wunner;
Dat mehr ward siene Kinner,
Dat sick de Tall vermehr.

2. Röhmt sienen hillgen Namen,
Dat Alle de em söft,
Ut Freuden, springend kamen,
Mit uns tosam em löv't.
O fraget nah den Herrn,
Ot nah sien grote Mächte,
Bi Dage un bi Nächte,
Sien Antlitz söket geern.

3. He is jo Herr, un uns God,
He richtet alle Welt.
Sien Gnad uns helpt ut all Noth,
So sien Word uns vertellt.
Nümmer he uns vergit,
An sienen Bund höllt fast he;
Wat He versprickt dat höllt He,
Keen Unrecht, üm sick litt.

Nach Psalm 105, 1—8.

Mel: Nun preiset Alle, Gottes Barmherzigkeit.

32. Jauchzet dem Herren, Alle
hier in de Welt;
Deent em mit Freuden, to d' Arbeit
jug instellt;
Kamt in de Karten, lobet un prieset,
:,: Frohlocken vör sien Angesicht
wieset. :,:

2. Erkennet dat de, Herr unse
God is,
Un dat He maket, Jeden vun uns
hett:
Sien Volk to sin, Schaap up sien
Weide.
:,: Alles to siene un unse Freude. :,:

3. Keener sick sülbst maakt, drüm
wi nich lebet,
För uns, nä, God to gefallen wi
strebet;
Mit Danken laat uns vor em kamen,
:,: He hört uns Bäden, un sprickt
sien: Amen. :,:

4. In to de Dohren, in de Vör-
hofe gaht,
Singet un lobet, wielt is noch nich to
laat;
Lobet un prieset sienen Namen,
:,: He will uns fründlich entgegen
kamen. :,:

5. De Herr is fründlich; Sünner
so kamt doch her,
Sien Gnad wohrt ewig; o Minsch
wat wull du mehr;
Ja siene Wohrheit is mit uns ümmer,
:,: O laat de Welt nu ward, Gades-
kinner. :,:

Nach Psalm 100.

Mel: Vom Himmel hoch da ko am.

33. Lavet den Herren unsen God,
De uns helpet ut alle Noth;
Dat Laben is een Köstlich Ding
Een niges Leed den Herren fing!
   Halleluja! Halleluja!

2. De Herr buet Jerusalem,
Un sammelt Alles wat g'hort drinn;
He heelet jedes braken Hart,
Un alle Wehdag lindert ward.

3. He tellt de Steern un nomt se
       all,
O rühmt sien Herrlichkeit mit Schall;
He richtet up wat elend is,
Wat godlos, em towedder blivt.

4. De Eerde sienen Regen drinkt,
De Barg mit Graß wull decket sünt;
Dat Futter he givt allem Veh,
De jungen Rab'n geschüht keen Weh.

5. Keenen Gefall'n he finden kann,
An Peerdes Kraft un Been vün'n
       Mann;
Gefallen he blot finden ward,
An een terschlagen Demoths Hart.

6. O priese du, Jerusalem:
Zion, o gah, un labe den
De säkert alle diene Dohr',
Dien Kinne drinnen legent gor.

7. Freden he an dien Grenzen höllt
Mit Weeten he dien Schünen füllt;
Sien Rede löppt dorch't ganze Land,
Sien Word ward överall bekannt

8. Sien Allgewalt wi däglich seht,
An Allem wat up Eerd geschüht:
Laat Schwestern, Broder, overall,
Uns priesen God mit luden Schall.
   Halleluja! Halleluja!
     Nach Psalm 147.

Mel: Lobt Gott ihr Christen allzugleich.

34. Lavet denn Herren doch all=
       tomal,
Lavet den Herren mien Seel:
Sien Namen prieset, o hort All:
Sien Gnaden sünt gor veel.

2. Wat in mi is, dat singt henut,
Wo heilig is sien Nam;
Sü n rs, he stött so Keenen ut,
We.. u wi vun Harten kam'n!

3. O Seele mien, labe den Herrn!
Un vergät nümmer nich,
Wo he di Godes schenkt so geern,
Nimmt di of ut 't Gericht.

4. An 't Krüze leet He schlagen sick,
Vör di, un mi, un All.
Gedenkt all diene Sünden nich
Hört doch, unglovt doch All.

5. He heelet dien Gebräcken so,
Wenn du blot em vertru'st,
Dien Korper heel, dien Seel in Roh,
O welke sel'ge Lust.

6 Mit Gnade un Barmhartigkeit
Will he gor Krönen di;
Een Adler glick, hoch up du geihst
Vun Weltlichkeit, ganz fri.

7. Wo fröhlich jubelt den dien Mund,
Weg is all Sorg un Bang;
Wullt maken alle Minschen kund,
Priest God, jug Lebenlang.
     Nach Psalm 103 v. 1—5.

Mel: Lobet den Herren, den mächtigen.

35. Wenn de Herr de Gefange=
     nen Zion's ward erlösen,
Denn ward uns wäsen as de Dröm=
     enden, un wi globen;
Un unse Mund, maakt sick dörch
     Lachen bald kund,
Üm den Herrn Jesus to priesen.

2. Vull Röhmens ward unse
     Tunge denn ümmerfurt priesen:
„De Herr hett Grotes an jüm dahn:"
     de Heiden ward singen:
De Herr hett jo, — un dat maakt mi
     jo so froh —
Sehr Grotes an uns gedahen.

3. As du doch de Waters gegen den
     Middag hen drogest,
So wende du unser Gefängniß, un
     uns vun Böses:
O leve Herr! lat uns doch quälen
     nich mehr,
Wi wüllt lobpriesen dien Namen,

4. De mit Thranen seien, de ward
mit Freuden ot ahrnden,
Se gahen hen un wenen, un dragen
edlen Samen;
Un den naher, kamt se vull Freuden
dorher,
Un bringen de riepen Garben.

Nach Psalm 126.

Mel: Wi groß ist des Allmächtigen Güte.

36. Uns Vader de du büst in'n
Himmel,
Geheiligt werd dien Name sehr;
Dien Riek komm, un dien Will ge-
schehe,
As in den Himmel so up Eerd.
Dat däglich Brod wullt du uns geben,
Up diene Händ alleen wi seht;
So lang dat „Hüt'" hect, in uns
Leben;
Bet wi geropen, vun hier, sched't.

2. Vergiv uns alle unse Schulden,
As wi vergevt uns Schuldigern;
Un föhr uns nich in Versötungen,
Sondern vun Övel hol uns fern.
Denn dien s jo dat Riek un de
Kraft,
Un alle Herrlichkeit is dien,
In Ewigkeit, ick bäd di, Herr laat
Mi selig ot, dörch Jesum sin.

Mel: S.raf mich nicht in deinem Zorn.

37. Jesus in den Tempel güng,
Doch nich, üm to bäden;
Eenen starken Strick, he fünd,
De ded nödig, wäsen;
Seh! oh seh!
Reeg an Reeg,
Deden Boden wäsen,
Schrecklich, ja, tom gräsen.

2. Düsse künn de Herr nich lieb'n,
Un he wull jümm 't wiesen.
Dat de Tempel müßt blot sin:
Tom Bäd'n un tom Priesen.

Un he flüng,
Rund herüm,
Siene grote Geißel,
Ünner all de Scheusals.

3. Un he stööt de Disch un Bänt,
Üm, mit sammt de Waren;
Duben, Höhner, Geld ot, fängt,
Hen un her to fahren,
Schreben klor,
Steiht dat dor,
„Mien Huus dat schall wäsen,
'N Bädhuus" — hier kannst lesen.

4. So möt ot uns Hart nu sin,
Wiel dat is jo Gades.
„Blot een Bädhuus, üm to win'n
Seelen rut ut „Hades".
O mien Herr!
Nümmer mehr!
Will ick vun di laten,
Bet düt Op is braten.

5. Wenn wi sünt Gad's Tempel hier
Ward we Busteen wäsen,
To den Tempel d' Baben, schier,
Denn sünt w' uterlesen.
Help uns Herr!
Ümmer mehr,
Faster noch to warden,
Maak uns t' Himmelsarben.

Nach Lucä 19, 45, 46.

Mel: Sei Lob und Ehr dem Höchsten.

38. Wi dankt di, leve, true God,
Vor alle Gnad un Göde,
Hest uns bewahrt in veler Noth,
Vör Sünd uns ok behode.
Süh fründlich hüt up uns hendahl,
Hest uns jo lad't tom Abendmahl,
Wullt spiesen uns mit Manna.

2. Midden ünner uns du hüt tredst,
O help uns, di ümfangen:
To di to kamen, du All lob'st,
Hier sünt, de di anhangen.
O lat uns äten würdiglich,
Dat keener ät sick dat Gericht,
O Herr, spräk du dat: Amen!

3. Wi lovet di, all göd'ger Gob,
Een bäten, chriftlich Wandel;
Dat wi gaht nah diene Gebod',
Nich, as de Welt, wüllt handeln.
Du leve, gnädig, Jesus Chrift,
Alleen b ot unse Helper büft,
Düt Verspräken to holen.

4. All laat uns brinken nu dien Bloot,
Vör uns, vergaten, Herre!
Dat nimmt vun uns den ewgen Dod,
Denn wi doht fürchten, sehre.
Dien Spies' un Dränk, de maakt uns frie,
Bringt uns gemeenschaft ganz to di,
Befri't vun Sünd un Lafter.

5. O welt een Bund, vör Nick un Arm
Vör Ole un vör Kinner;
Den Demöd'gen du di erbarmst,
Nimmst up, verlorne Sünder.
O Jesus, Jesus; blieb dorbi,
Ladt in, ladt in, hör up doch nie;
Redd' Seelen, vun 't Verdarben.

6. O Gnadenbrod, o Gnodendrunk,
Wo köstlich deihst du munden;
O Sünner hör 't, if doh di 't kund
Keen bäter Mahl ward funden.
De Welt di blot in 't Unglück stött,
Un Weltluft, gröter d' Füer anbött,
Üm ewiglich to brennen.

7. Dank! Dank! de leve Herre God,
Vör dien so levlich Ropen;
Dank vör dien Geift de anhöl of,
Bet miene Föt dehn lopen,
Up dienen engen Gnadenweg,
Wenn of dat Krütz recht faft upleeg,
O help mi, ut to harren.

8. Un wenn de letzte Stünd nu
                              kümmt,
Un Satan folgt mi Armen,
Mit Anklag, de doch Lögen fünt,
O Herr, hev du Erbarmen,
Stell diene Engel rund ümher,
Un jeden Anloop, em verwehr,
Un treck mi, to Di, Amen!

Mel: Näher mein Gott zu dir.

39. Neger, mien God, to di,
  Neger to di!
Drücket of Kummer mi,
  Neger to di!

Heff if of Krüzespien;
Sall doch dütt Loosung sin:
Neger, mien God to di,
  „Neger to di."

2. Wenn of man blot een Steen,
    Mi Roh hier büdt;
Dat deiht mi nich sehr weh,
    Dröm makt mi frie,
Denn all mien Sehnen hier,
    Treckt mi nah „Baben" schier;
Neger, mien God, to di,
    Neger to di.

3. Wenn of de Footftieg eng,
    Und geiht gor piel;
Hett dat doch All een End,
    Nah'n lütte Wiel.
Engel un Cherubin
    Schüllt miene Föhrer sin.
Neger, mien God, to di,
    Neger to di.

4. Sobald de Nacht vörbi,
    Wief't sik de Sün;
Fröh denn, vun Riegen gäv
    If mi di hen
Set denn mien Bethel hier,
    Un spring vör Freuden schier,
Neger, mien God, to di,
    Neger to di.

5. Wenn if keen Weg kann sehn,
    Bliev if still stahn;
Töv bet dien Licht mi schient
    Dat if kann gahn.
Sett mi to diene Föt,
    Kick up to di mien Leev!
Neger, mien God, to di,
    Neger to di.

Mel: Heavenly Home, Heavenly Home.

40. Heimathland, Heimathland,
O wo büft du schön,
Wo mücht if doch so gern to di
Dien Herrlichkeit to sehn!
De Welt is jo mien Heimath nich,
Mien Hart is gornich hier;
Du Heimath in dat Himmelslicht,
Na di sehn it mi sehr.

2. Himmelan, Himmelan,
Miene Ogen seh'n,
Dorhen sünt miene Leeven gahn,
It dörf noch nich hentehn.
De Striet is groot, de Dag' sünt heet,
In düsse arge Welt;
Fri mücht if sin, dat is mien Leed,
Mien Huus is lang bestellt.

3. Doch nich lang, wäs nich bang,
Miene arme Seel;
Denn geihst du up den schönen Gang,
Dor geihst du nümmer fehl.
Un wat noch gor teen Og hett sehn,
Un gor teen Ohr mal hört,
Dat sall an di dor bald geschch'n,
Mehr als du je begehrt.

Grade vör em in den Weg,
„Herr help mi, mi is so wehe"!
Aber Jesus will noch nich,
Weshalb he denn to ehr sprickt:

5. „Süh, lüt Fru, dat is nich sien,
Wenn man vun sien eegen Kinner.
Brod, wat jüm alleen, schull sin,
To de Hunne schmect hinünner."
„Ja, Herr, aber doch, seggt se,
Fallt de Krömels, to jüm, neeg!"

7. Dorum seggt he denn: „O Wief!
Diene Dochter will if helpen;
Bi een groten Globen bliew,
Solcken finde if man selten "
Eere Dochter vun de Stund,
Se to Hus denn fünd gesund.

Nach Math. 14, 21—28.

Mel. Jesus meine Zuversicht.

41. Och Herr! du Söhn Davids
hör!
Miener wüllt du di erbarmen!
Süh, mien Dochter, de litt sehr,
Se is schier in Düwels Armen;
Och, mien Herr, höre doch:
ut des Düwels Joch.

2. Unse Herre seggt teen Word;
Wiel he düt arm Wief nich hören?
Un se schriggt noch ümmerfurt,
Jesus deiht sik nich ümkehren.
Arme Moder Canaans,
Roop man to, so lang du kannst!

3. Endlich wardt jüm dat to veel,
Un de Jünger kamt to bäden:
Dat he gev eer den Befehl,
Trügg tobliewen in ehr Städen.
De Herr Jesus seggt dorto,
Of nich veel, un se schriggt to.

4. „If bün jo to jug nich schickt,
Blot man to verlorne Schape,
Ut den Huse", so he sprickt,
„Israels" de if nich late;
Dormit geiht he siene Weg,
Dat he hen nach Huse tog.

5. Doch düs Moder kam ganz neeg,
Schmeet sill dahl up eere Knee,

Mel: O Gott du frommer Gott.

42. God wäs du uns gnädig,
Un segen du uns Alle;
Dien Antlitz uns erlücht,
Bun uns di Dank erschalle.
Dat wi dien Weg erkannt,
De wi hier sünt up Eerd,
Sülbst in dat Heidenland,
Dien Heil ward hochverehrt.

2. All Völker danket di God,
Ja di prief't alle Völker;
Se freut sik un jauchzt of,
Du, Rechtes Uperhöller!
Up Eerden du regeerst,
Dat Land givt sien Gewächs,
All Unrecht du verstörst,
An di holt wi uns fest.

Nach Psalm 67.

Mal: Wie groß ist des Allmächtigen Güte

43. Ile mien God mi to erretten,
Herr! mi to helpen, kam doch du;
Dat all dejen'gen möt sik schämen,
Un alle maak to Schanden nu,
De nah mien Seele so doht trachten,
Un sik up Spott fier good verstaht;
De of verbunden, to verlachen;
Sik ut nicks mehr, 'n Gewissen maakt

2. Dor! Dor! so ropt s' un wieset
    up mi,
Mit Finger noch voll Spott un Hohn;
Wil ick di folge, un bliv bi di,
Du Herrscher up den Himmel's-Thron.
Freuen möt sick, de nah di fragen,
De dien Heil leven ümmerdor;
Fröhlick in God, sick nich beklagen
Dat eer dat Krüze ward to schwor.

3. Hoch gelobet wäs uns lev Herr-
    god.
He maaket uns sien Weg so klor;
Sünt wi ok arm, un oft in grot Noth,
Un Elend, he helpt ümmerdor.
Ick kam to di, du mien Erretter,
Mien Helper de mi nich verstött;
Töv nich to lang, doch du west' t beter,
Du kennst de Stunde grötster Noth,
    Nach Psalm 70,

Mel. So nimm denn meine Hände

44. Wenn ick man blot di hebbe,
    Herr Jesu Christ;
Nah Eerd un Himmel frage, ick denn
    gornicks;
Dat is blot diene Leve. de wichtig mi,
Ahn di, mag ick nicks dohen, drüm stah
    mi bi.

2. Wenn mi glick Liev un Seele. ver-
    schmachten deiht,
Ick folge dien Befehle, bün vull bereit,
Mien Händ un Hart un Ogen, to rich-
    ten up,
Dien is jo miene Seele; Herr help mi ok.

3. Du büst jo God mien Dehl ok,
    büst ja mien Trost,
Up di alleen ick sett jo, mien ganzes Loos;
De All, de di verlaten, de kamen üm;
Drüm Heiland, schast du ümmer, mien
    Alles sin.

4. Düt is mien grötste Freude; di
    censt to sehn!
Weshalb 't mi to di holde; bald ist gescehn.
Dien Dathen will ick röhmen, Herr
    överall,
Büst miene Toversichten; Herr kumm
    du bald!
    Nach Psalm 73, 25—28.

Mel: Wie schön leucht uns der Morgen.

45. Wo mennig armes Min-
    schenkind,
Keen Trost un keen Erquickung find't.
In sienem armen Harte;
De Sünden barghoch vör em staht;
Un siene Ogen find't keen Straat,
All's düster; All is schwarte.
Wat Weh! Süfzt he,
Wer kann helpen,
Wat ward schmölten
Düsse Nothen.
Helpt mi, helpt! süs wards' mi döbten.

2. Worüm! worum! — so frag ick di:
Nimmst du denn diene Bibel nie?
Dor 's Trost över de Maaten.
Wenn du büs as terstödtes Reth,
Wenn diene Angst is glöhend heet
God hett di nich verlaaten.
Roop man: Vader! —
He lett nümmer,
Siene Kinner,
Ganz tertreven;
Roop doch, roop, He will di segen!

3. Un wär in dienen Hart, dat 's slich,
'n lütt Spierken vun dat Gadeslicht,
Brukst doch nich to verdarben.
„Den glösing Ösel," so He sprickt;
„Will Ick utlöschen nümmer nich" —
't kann 'n Gadeskind noch warden,
Freu di! B oder,
Gades Word ward
Nümmer braken,
So seggt Jesus!
Loop to „Em", He hett 't verspraken.

4. Doch möfst du glöben, felsenfast,
Süs hest du nümmer cene Rast,
Hest Elend ohne Maaten.
Wat Jesus seggt, dat nimm man an:
De, nümmer sick verspräten kann,
Will an de Hand di faaten.
Griep swind! Glöv blind!
As dien Kinner,
To di Sünner
Hebbt Vertruen;
So möfst du, up Sien Word begen.
    Nach Jesaia 42, 3.

Mel: Was Gott thut das ist wohlgethan.

46. God wäs mi gnädig, nah
      dien Göd',
Un wisch weg all mien Sünden;
In diene grot Barmhartigkeet,
Laat mi ok Gnade finden.
Du büst mien God,
Un in mien Noth,
Dörf ick mi to di wenden;
Deihst luter Segen spenden.

2. Ick hev erkennt mien Missedhat,
Mien Sünden staht grot vör mi;
Un de blot alle, Di angaht,
Deed övel, alleen, vör Di.
Du wullt so geern,
De Wohrheit hör'n,
Süh, de liggt gor verborgen,
Doch wardst Du s' rut besorgen.

3. Oh, wasch mi, dat ick Schnee-
      witt ward,
Mi Freid un Wonn laat hören;
Mien Been de du terschlagen, hard,
Laat wedder fröhlich warden.
Dien Antlitz, oh.
Verbargst du so
Dat du sühst keene Sünden,
Deihst ok keen Övels finden.

4. Schaff in mi God een reines Hart,
Een nien un säkern Geist;
Verwerpen du mi doch nich ward,
Ok nich, dien Geist, nehmen deihst.
Tröst mi, o Herr,
Un ok mi lehr,
Sünder to di bekehren,
Un jüm, dien Wege lehren.

5. Bun Blootschuld du errette mi,
Mien Tung schall di ok röhmen,
O du, mien Heiland, stah mi bi!
Geduldig sin, trotz „Höhnen".
Herr ick do kund,
Mit Lipp un Mund,
All diene grote Dahten!
Wer kann un will se faaten?

6. Een angstfull Geist, de to di kümmt,
Dat lettst du di gefallen;
'n terschlagen Hart sick vör di krümmt,
Dat Opfer leevst vör Allen.

God is de Lev,
De nich bedrövt,
Wi wü..t em schalten laaten,
Keener kann 't bäter maaken.
Nach Psalm 51.

Mel: Liebster Jesu wir sind hier.

47. Alle Minschen mügten geern.
Eenmal in den Himmel kamen;
Düßen Weg nu ken'n to ler'n,
Gefollt se nich alltosamen;
Jeder will sien eegen gahen,
Laten Jesus trurig stahen. (Joh. 14.
      6; 15, 5)

2. Veele wüllt „Sien" Hülpe nich,
Föhlt sick stark in ere Warke;
Veel sünt rief un holet sick,
„Utgewählt" nah Gades Harten.
    (1 Sam. 13, 14).
Düße lest de Bibel nümmer, (Matth.
    19, 23).
Sünd noch ungetag'ne Kinner.

3. Christen wäsen, dat is licht,
Wenn't all geiht nah unsen Willen;
Süh doch, wat de Prophet spricht:
    (Sach. 13, 8, 9).
Dat kann di mit Angst wull füllen;
Dörch dat Für prüft „He" de Harten
    (Spr. 17, 3:)
David, wär een, bun sien Warken:
    (Ps: 66, 10)

4: Dörch veel Drövsal möten wi,
Ingahn in dat Himmelriete; (Ap: G:
    14, 22)
Doch uns Herrgod sitt dorbi,
Un acht up de Sünd, mit Fliete;
Bet dat Hart ach't up sien Wörden
Lett sick ganz nah'n Himmel föhren.

5. Drüm du leves Minschenkind.
Lat de Hitt di nich erschrecken, (1 Petri
    4, 12, 13).
Süh' dien Jesus, glöv du blind,
He ward di, 'ne Hülp erwecken (Dan.
    3, 25)
Uterwählt in'n Elends-Aben (Jesaia
    48, 10)
Kamt wi säker an bor „Baben".
Nach Maleachi 3 3.

14

Mel: Großer Gott wir loben dich.

48. Bald kümt nu mit Riesen=
schritt,
Beste Broder lat di raden;
Een grot Dag, vun den Gob spricft,
Wenn sick schall sien Zorn entladen.
Leve Christen, sünt wi klor?
Alles ward denn, apenbor.

2. Rögen ward de Eerd sick schwinn,
Hen un her, ünner uns Föten;
Sülbst de Himmel, rullt dorhen,
Keenen kann un mag em möten;
Alle Minschen seht vör wohr,
Dat Gods Word spröt sünnenklor.

3. De Apostel seeg sogor;
Alle Könige up Eerden;
Öberst, Hauptlüd, Riefe, dor,
Knecht un Frie, sick verbergen,
In de Klüfte an de Barg,
Angst un Gruen packt jüm arg.

4. Vör dat Lamm verbargets sick,
Dat so oft se hett inladen;
To sien selig Himmelrief,
Dörch de truen Fredensbaden,
Doch se hebbt dat acht vör Nicks
Nu grugt jüm, sien Angesicht.

5. Fröher hebbt se sick bedeckt,
Mit Utreden aller Arten;
Nu to düsse Barg' se sprätt:
Kamt un deck't uns sofaten!
Överst 't helpt jüm Alles nich,
Se kamt nu in't Weltgericht.

6. Ja „Wer kann beistahn?"
se fragt;
Säker keen vun de Weltkinner.
Blot de Kinner Gades wagt,
Up to sehn as wuschne Sünner.
Jesu Nam makt se bestahn,
Alles Ann're möt vergahn.

Nach Off. 6, v. 17.

Mel: O daß ich tausend Zungen.

49. Wat ward wi doch noch mal
erarben
Wenn alles wi hier överwindt;
God will uns Egendom den warden,
Un wi in vulle Kindschaft sünt.
Dor sünt all Thranen afgewischt.
Un Freud uich mehr mit Wehdag mischt.

2. Jerusalem, wat büst du schön
doch,
Direcft vun Himmel kümmst du dahl;
Gods Herrlichkeit dorin, o hört doch,
Ja 't Lamm is eere Lüchte Strahl,
Un alle Heiden wandeln drinn,
De hebbt mit Jesus, eenen Sinn!

3. Twölf Dohre, let uns God be=
richten,
Sünt däglich apen, dor 's keen Nacht;
Keen Herrlichkeit up Eerd ward blie=
ben
Dörch d' Könige wards ingebracht;
Un of de Heiden bringt eer Ehr,
Un all eer Herrlichkeit dorher.

4. Wo tröst uns God över de
Maaten,
De wi erworben dörch dat Lamm;
Dat nicks Gemeenes up de Straten,
Mit uns dorinnen wandeln kann,
Hier is dat Bose üm uns her,
Doch dor hört wi dorvun nicks mehr.

5. Wat Grulich's deiht, un leevt
de Lögen,
Düt Unkrut is up Eerden dick;
O wo wüllt wi uns denn doch högen,
Keen Platz vör de, dor findet sick.
De Namen de in 't Lammes Book,
Sünt Börger Jerusalems ok.

Nach Ofl. Joh. 21, v. 7, 21—27,

Mel: Alle Menschen müssen sterben.

50. Gades Göde möt man priesen,
Wenn een Misch afropen is;
Un de Körper deiht uns wiesen,
Wat vun uns vergänglich is.
Ja de Herr de kennt uns bäter,
Dat wi nicks as Stoff, dat weet He;
Un of denkt he ümmer dran;
Nimmt sick siener Kinner an.

2. Ja de Minsch in düssem Leben,
Jeden Garßhalm ähnlich sehr;
Wenn he 's dod, so blivt dor eben,
Nahr'ns e'n groten Platz noch leer.
As de Wind över de Blomen
Fohrt, un Blom un Wind sünt hen;
So is nu de Dod hier kamen,
Seel un Liev, is nu vun een.

3. Wull de Seele, de Gob fürcht hett,
Un in siene Wege güng;
Över de, Gods Gnade wallet,
Ile se nu eer Heimath fünd.
Denn se fer'n, as i s de Morgen
Bun den Abend, schall of wän,
Unse Övertredung, seggt God,
Bun uns sin, wärn s' of blootroth.

4 Gades Gnade, de will wohren,
Över de vun Ewigteit;
Deren Harten hebbt erfohren,
Luter Leev, teen Bitterteit.

All de sienen Bund hehbt holen,
All eer Dohn un all eer Wullen,
Richtet, nah den Gnadenbund,
De sünt ewiglich gesund.

5. Bald ward unse Stunde schlagen,
Wull den, de dorup gefaß't:
Engel tamen hergeflagen,
Bringt de Seel to ew'ge Rast.
O wo leevlich möt dat Antliß,
Unses Heilands, un sien Blick;
Fründlich grüssen sien lütt Lamm,
Dat He jo to redden, tam.

Nach Psalm 103, 11—18.

Spröke-Register.

Register vun de Gesänge.

*fünt ut dat Hochdübsch öwerfettet.